MAP-5

공황장애의
인지행동치료

불안과 공황의 극복 ｜제5판｜

Workbook

David H. Barlow, Michelle G. Craske 지음
최병휘 옮김

Σ 시그마프레스

공황장애의 인지행동치료 : 불안과 공황의 극복(MAP-5), 제5판

발행일 | 2025년 1월 20일 1쇄 발행

지은이 | David H. Barlow, Michelle G. Craske
옮긴이 | 최병휘
발행인 | 강학경
발행처 | (주)시그마프레스
디자인 | 우주연, 김은경
편 집 | 이지선, 김은실
마케팅 | 문정현, 송치헌, 최성복, 김성옥

등록번호 | 제10-2642호
주소 | 서울특별시 영등포구 양평로 22길 21 선유도코오롱디지털타워 A401~402호
전자우편 | sigma@spress.co.kr
홈페이지 | http://www.sigmapress.co.kr
전화 | (02)323-4845, (02)2062-5184~8
팩스 | (02)323-4197

ISBN | 979-11-6226-483-6

Mastery of Your Anxiety and Panic, Fifth edition

＊ 책값은 책 뒤표지에 있습니다.

불안과 공황 장애는 현대 사회에서 많은 사람들이 겪고 있는 심각한 문제 중 하나이다. 이러한 문제를 해결하기 위해 다양한 치료 방법이 개발되었지만, 그중에서도 인지행동치료(CBT)가 가장 널리 인정받고 있다.

이 책은 세계적인 심리학자이자 불안장애 연구의 권위자인 David H. Barlow 박사와 Michelle G. Craske 박사가 저술한 책으로, 공황장애와 광장공포증 치료에 대한 최신 연구와 과학적으로 입증된 전략 및 기술을 제공한다. 이 책은 특히 불안장애치료에 있어서 노출치료의 효과를 최대화하기 위해 억제 학습에 중점을 두고 있어, 치료의 질과 효과를 한층 높였다.

최근 몇 년간 우리는 COVID-19 팬데믹, 인플레이션에 따른 고물가와 고금리, 그리고 러시아-우크라이나 전쟁과 같은 전 세계적인 위기를 겪으면서 전례 없는 불안과 스트레스를 경험하고 있다. 이러한 불확실성과 변화는 많은 사람들의 정신건강에 심각한 영향을 미쳤으며, 불안장애와 공황장애의 발병률이 증가했다는 연구보고들이 이어지고 있다. 이러한 상황에서 불안과 공황을 효과적으로 관리하고 극복하는 방법을 찾는 것은 그 어느 때보다 중요하다고 하겠다.

이 워크북은 다섯 번째 개정판으로, 이전 판에서부터 계속해서 발전해 온 내용을 기반으로 하고 있다. 저자들은 개정을 거듭하면서 환자와 치료자의 요구를 충족시키기 위해 사용자의 피드백을 반영하고, 최신 연구 결과를 바탕으로 내용을 업데이트해 왔다. 이번 개정판에서는 특히 환자와 치료의 '맞춤성'을 개선하는 데 중점을 두었다.

역자는 이 책을 번역하면서 원서가 가진 과학적 정확성과 실용성을 최대한 살리기 위해 노력했다. 또한 독자들이 이 책을 실제 치료 현장에서 유용하게 활용할 수 있도록 번역에 심혈을 기울였다. 이 워크북은 실제로 공황장애를 겪고 있는 환자들이 자신의 문제를 이해하고 극복할 수 있도록 돕는 실질적인 안내서이다. 이 책이 우리나라의 많은 환자들과 치료자들에게 큰 도움이 되기를 바란다.

이번 개정판의 번역본은 출간을 기다리는 많은 사람들이 있었기에 끝낼 수 있었다. 개정판이 나올 때마다 귀중한 책을 번역할 수 있는 기회를 주신 출판사 관계자 여러분께 깊은 감사를 드린다. 원시의 인명을 한글 인명으로 바꾸는 과정에서 자신도 모르게 이름을 빌려준 분들에게도 이 자리를 빌려 감사의 말씀을 전한다. 교정 단계에서 도움을 준 건국대학교 최도운 군과 블랙힐스주립대학교 박민경 양에게도 감사드린다.

이 책이 여러분의 삶에 긍정적인 변화를 가져오기를 진심으로 기원한다.

2025년 1월
역자 최병휘

이 책에 관하여

각종 질병과 질환을 가진 환자들이 직면하는 어려운 문제 중 하나는 가장 좋은 치료가 어떤 것인지 찾는 것이다. 누구나 주변에 유명하다는 의사를 찾아 여러 병원을 전전했지만 결국 적절한 진단이나 치료를 받지 못했던 친구나 가족이 있을 것이다. 대부분의 환자나 환자의 가족들은 환자의 증상에 관한 자료를 닥치는 대로 읽어 보거나, 인터넷으로 정보를 찾거나, 주변 사람들에게 이리저리 물어보고 다니곤 한다. 정부와 보건의료정책 입안자들도 환자들이 항상 최선의 치료를 받는 것은 아니라는 사실을 알고 있으며, 우리는 이것을 '보건의료 행위의 가변성'이라고 부른다.

오늘날 전 세계의 보건의료 시스템들은 '근거 기반 치료'를 도입함으로써 이러한 가변성을 바로잡으려 한다. 간단히 말해 환자들이 가장 최신의 효과적인 치료를 받는 것이 모든 사람의 관심사라는 의미이다. 보건의료정책 입안자들은 또한 보건의료 소비자들이 정신적, 육체적 건강을 고루 향상시키는 데 있어 현명한 결정을 내릴 수 있도록 그들에게 가능한 한 많은 정보를 제공하는 것이 좋다는 사실도 인식하고 있다. 이 책은 이를 실현할 수 있도록 고안되었으며, 각 질환에 대한 최신의 가장 효과적인 치료를 사용자들이 이해하기 쉽게 설명하였다. 어떤 치료 프로그램이 이 책에 포함되기 위해서는 그 치료가 효과적이라는 증거가 과학자문위원회가 정한 최고 수준의 기준을 통과해야 한다. 따라서 이런 질환을 겪는 사람들이 이 치료에 정통한 전문가를 찾는다면 최상의 치료를 받을 수 있다고 확신해도 되며, 당신이 선택한 전문가가 가장 적합한 치료 조합을 선택해 줄 것이다.

이 프로그램은 광장공포증을 동반한 또는 동반하지 않은 공황장애에 대한 잘 확립된 인지행동치료의 최신 접근법을 소개한다.

최근 수년 사이 미국에서는 공황이 널리 발생하고 있으며, 광장공포증을 동반하거나 동반하지 않는 공황장애를 겪는 사람들의 비율이 전체 인구의 5~8%에 이른다. 이 비율은 전 세계 다른 나라들과 비슷하며 대략 12명당 1명꼴로 일생에 한 번 이상 이 충격적인 질환을 겪는다는 것을 의미한다. 이 워크북을 통해 당신은 공황과 공황의 치명적인 결과에 효과적으로 대처하고, 공황에 따른 감정 기복을 극복하는 능력을 터득한 수만 명 중 한 사람이 될 것이다. 우리 모두는 공황장애 및 그와 연관된 불안 방지라는 목표를 향해 각고의 노력을 기울이고 있다. 하지만 아직 세계 각국 정부와 보건의료 시스템으로부터 공황장애의 일차 치료로 인정받은 치료는 이 책에서 요약한 인지행동치료가 유일하다. 전 세계적으로 널리 사용되는 이 워크북의 제5판에서는 광장공포증 및 공황장애의 본질과 성공적인 치료에 관해 점점 늘어가는 지식을 활용하기 위해 추가적인 개편 내용을 담았다. 예를 들면, 공황을 촉발하고 통제력을 상실할 것 같은 강한 느낌과도 연관되는 두려운 신체 감각에 더욱 구체적으로 집중하는 훈련은 이 워크북에서 매우 중요한 연습의 일부이다. 또한 적절한 경우 문제의 일부가 아닌 해결책의 일부로서 배우자나 파트너를 참여시키는 방법도 강조되었다. 여타 치료 프로그램이 모두 그러하듯이 이 워크북은 훈련받은 치료자의 지도하에 적용될 때 가장 효과적이다.

매사추세츠주 보스턴
David H. Barlow

✓ 차례

제1장   공황장애와 광장공포증의 본질 • 1

제 1 부   **기초**

제2장   공황과 불안 기록하기 • 29

제3장   공황과 광장공포증의 부정적 주기 • 43

제4장   공황은 해롭지 않다 • 59

제 2 부   **대처기술**

제5장   광장공포증 상황의 순위 설정 • 79

제6장   호흡법 • 93

제7장   사고기법 • 109

제 3 부   **두려운 증상과 상황에 대한 노출**

제8장   신체 증상 직면하기 • 143

제9장   광장공포증 상황 직면하기 • 175

제10장   조력자의 참여 • 195

제 4 부 **미래를 위한 계획**

제11장 약물치료 • 207

제12장 성취, 유지, 재발 방지 • 219

◉ 부록 : 자가평가 정답 229

✓ 기록지 차례

기록지 2.1   공황 기록   33

기록지 2.2   일일 기분 기록   38

기록지 2.3   경과 기록   40

기록지 3.1   공황의 세 가지 요소   47

기록지 3.2   불안의 세 가지 요소   48

기록지 3.3   공황의 단계적 분석   52

기록지 5.1   대표적인 광장공포증 상황   82

기록지 5.2   광장공포증 상황 순위   85

기록지 5.3   미신적 물건과 안전신호   87

기록지 5.4   안전행동과 주의분산   91

기록지 6.1   호흡 훈련 기록   101

기록지 7.1   부정적 사고   115

기록지 7.2   확률 바꾸기   127

기록지 7.3   관점 바꾸기   132

기록지 8.1   증상 평가   147

기록지 8.2   증상 직면   152

기록지 8.3   일상 활동 순위   159

기록지 8.4   일상 활동 직면   163

기록지 9.1   광장공포증 상황 직면   184

기록지 9.2   증상 및 광장공포증 상황 직면   192

기록지 12.1   성과 평가   220

기록지 12.2   연습 계획   222

기록지 12.3   장기 목표   223

공황장애와 광장공포증의 본질

- 공황과 공황장애, 광장공포증이 무엇인지 이해한다.
- 공황장애를 유발하는 요인에 관해 알아본다.
- 이 프로그램을 통해 공황과 광장공포증을 극복하는 방법을 알아본다.
- 이 프로그램이 자신에게 적합한지 판단한다.

공황장애나 광장공포증이 있는가?

당신은 갑자기 병들거나 죽거나 정신을 잃을 것 같은 공포감을 경험한 적이 여러 번 있습니까? 이런 공포스러운 느낌이 들면 심장이 터지거나 숨이 막힐 것 같습니까? 또는 어지럽거나, 쓰러질 것 같거나, 온몸이 떨리고 땀이 나거나, 호흡이 힘들거나, 죽을 것 같은 두려움을 느낍니까? 이런 느낌이 예상하지 못한 순간에 '느닷없이' 나타납니까? 이런 느낌이 언제 다시 나타날지 걱정됩니까? 이런 느낌이 평상시 일상생활이나 활동을 방해합니까?

이런 설명이 당신에게 해당하는 것 같다면 당신은 공황장애를 겪고 있을 수 있으며 광장공포증도 함께 겪을 가능성이 높습니다. 이 두 질환은 대부분 함께 나타나기 때문입니다. 갑작스럽게 공포감이 엄습하는 현상을 **공황**(panic attack)이라고 합니다. 일반적으로 공황은 또다시 공황을 겪을 가능성에 대한 전반적인 불안을 동반합니다. 공황과 이러한 전반적인 불안을 합쳐서 **공황장애**라고 합니다. **광장공포증**은 공황이나 기타 신체 증상이 나타날 것 같은 장소 또는 상황을 불안해하거나 회피하는 현상을 일컫습니다. 이 용어들은 추후 더 자세히 설명할 기회가 있을 것입니다. 다음은 공황장애와 광장공포증이 사람들의 삶에 어떤 영향을 미칠 수 있는지 보여 주는 몇 가지 예입니다.

사례 연구

성수 씨

성수 씨는 31세의 영업부장입니다. 그는 갑자기 어지럽고, 시야가 흐려지고, 가슴이 뛰는 느낌을 몇 차례 겪었습니다. 그가 경험한 첫 공황은 직장에서 동료들과 함께 있을 때 발생했는데, 갑자기 기운이 빠지면서 메스껍고 어지러운 느낌이 들면서 시작되었습니다. 성수 씨는 아버지가 최근에 심장마비로 돌아가셨기 때문에 자신도 심장마비를 겪고 있다는 두려움이 들어 동료들에게 빨리 의사를 불러 달라고 했습니다. 그는 요즘 직장에서도 많은 스트레스를 받고 있었습니다. 그러나 첫 공황을 겪기 몇 달 전부터 몇 차례 긴장되고 글씨 쓸 때 손이 떨렸던 것을 제외하고는 공황과 비슷한 증상을 경험해 본 적이 없었습니다. 병원에서 자세한 진찰 후에 의사는 그의 증상이 스트레스와 불안 때문이라고 말했습니다. 그럼에도 불구하고 성수 씨는 계속해서 공황을 겪었고, 공황은 대부분 직장이나 빠져나가기 힘든 장소에서 찾아왔습니다. 때때로 공황은 예기치 않게 또는 갑작스럽게 나타났으며, 깊은 잠에 빠져 있을 때 그를 깨우는 공황은 특히 더 그랬습니다. 성수 씨는 또다시 공황을 겪을까 봐 늘 긴장되고 불안했습니다. 세 번째 공황을 겪은 후로 성수 씨는 가능한 한 혼자 있는 것을 피하기 시작했습니다. 그는 또한 공황이 오면 갇히거나 당황할까 봐 두려워하는 장소나 상황, 즉 상점이나 쇼핑몰, 사람이 많은 곳, 극장, 줄 서서 기다리기 등도 피했습니다. 성수 씨는 어디를 가든 성경을 들고 다녔으며, 껌과 담배도 가지고 다녔습니다. 성경을 훑어보거나 껌을 씹거나 담배를 피우면 마음이 편안해지고 더 잘 대처할 것 같았기 때문입니다. 또한 그는 공황에 대처하기 위해 항상 약을 지니고 다녔습니다.

영주 씨

영주 씨는 24세 여성으로 갑작스러운 어지러움과 호흡곤란, 가슴 통증, 시야 흐림, 목에 무언가 걸린 느낌, 비현실감 등을 반복적으로 겪었습니다. 그녀는 이런 느낌이 뇌종양 같은 뇌 이상이나 정신이상 때문인지 걱정했습니다. 이 문제는 대략 5년 전부터 시작되었습니다. 그녀는 어떤 모임에서 담배를 피우다가 잠깐 동안 심한 비현실감과 어지러움을 처음으로 느꼈습니다. 한 번도 이런 적이 없었기 때문에 그녀는 자신이 미치고 있거나 담배로 인해 자신의 뇌가 망가졌다고 생각했습니다. 그녀는 친구에게 응급실에 데려다 달라고 부탁했습니다. 몇 가지 검사를 하고 나서 의사들은 그녀의 증상이 불안에 의한 것이라고 안심시켰습니다. 영주 씨는 그날 이후로 담배를 끊고 술도 마시지 않았습니다. 그녀는 병원에서 처방받은 알러지나 부비동염 약조차도 복용을 꺼리게 되었습니다. 공황은 수년에 걸쳐 호전과 악화를 반복하였습니다. 한때 3개월가량 공황이 없었던 적도 있었지만 그때도 그녀는 공황이 올까 봐 계속 걱정했습니다. 그녀는 다시 공황이 올 때 도움을 받기 어려울 것 같은 낯선 장소나 혼자 있는 상황에서 불안을 느꼈지만 실제로는 많은 장소를 회피하지 않았습니다. 그녀가 공황에 대처하는 방법은 가능한 한 다른 일에 집중하여 공황을 잊어버리는 것이었습니다.

경아 씨

경아 씨는 41세 기혼 여성으로 공황 때문에 실직 상태에 있습니다. 그녀는 몇 년 전에 다니던 법률사무소를 그만뒀는데, 집을 나서기가 점점 더 힘들어졌기 때문이었습니다. 그녀는 공황을 겪을 때 극심한 가슴 통증과 압박감, 왼쪽 팔의 마비감, 호흡곤란, 심계항진 같은 증상을 느꼈습니다. 경아 씨는 공황이 올 때마다 심장마비로 죽을까 봐 두려웠습니다. 그리고 깊이 잠들었다가도 비슷한 느낌, 특히 가슴 압박감과 호흡곤란, 식은땀 같은 증상 때문에 자주 깨곤 했습니다. 경아 씨는 대가족과 살고 있었는데, 가족들은 그녀가 밤에 겪는 일이 조상 때문이라고 믿었습니다. 할머니는 그녀가 빨리 깨어나지 못하면 죽을 거라고 믿었습니다. 그래서 그녀는 잠들기를 매우 두려워하게 되었습니다. 다른 사람이 모두 잘 때는 자지 않고 거실을 돌아다니다가 낮 동안 다른 사람이 주변에 있을 때 잠을 잤습니다. 그녀는 가끔 가족이나 친구가 동행해서 상점이나 병원에 가는 경우를 제외한 대부분의 시간을 집에서만 보내게 되었습니다. 경아 씨는 그동안 많은 의사와 심장전문의를 만나 보았고, 여러 차례 심장 부하검사를 받았으며 장시간 심장 활동을 측정하는 휴대용 심장 모니터를 착용하기도 했습니다. 아무런 이상도 발견되지 않았지만, 그녀는 여전히 자다가 심장마비로 죽을 것이라고 확신했습니다.

공황장애와 광장공포증의 진단 및 정의

미국을 비롯한 여러 나라에서 사용되는 진단분류체계인 정신질환의 진단 및 통계 편람, 제5판(DSM-5)은 이 책에서 다루고 있는 질환을 공황장애와 광장공포증으로 분류합니다. 공황장애의 핵심은 다음과 같습니다.

1. 한 차례 이상 갑작스럽고 극심한 공포 또는 불편감(즉 공황)과
2. 공황의 재발이나 공황의 결과 또는 공황으로 인한 생활의 변화에 대한 지속적인 불안이나 걱정

공황은 다음에 나열한 여러 가지 신체 및 인지(생각) 증상과 함께 몇 분 안에 최고조에 이르는 극심한 공포나 불편감이 갑자기 밀려오는 현상을 말합니다. 간헐적으로 공황을 경험하는 사람은 많지만, 이들이 모두 공황장애를 겪지는 않습니다. 일반 인구에서 공황과 공황장애의 발생 빈도에 대해서는 뒷부분에서 자세히 다루겠습니다.

공황 증상

공황 증상은 글상자 1.1에 나와 있습니다.

공황은 다양한 불안 문제에서 나타납니다. 그러나 공황은 공황장애 이외의 불안 문제에서는 일반적으로 가장 걱정하는 문제가 아닙니다. 반면 공황장애는 공황 그 자체가 걱정과 염려의 주요 원인이 됩니다.

기술적 정의를 계속하면, 공황장애는 여러 차례 공황 중 적어도 한 번은 예기치 못하거나 실제 이유가 없이 발생해야 합니다. 즉 공황이 느닷없이 오는 것처럼 보입니다. 쉬고 있을 때 또는 깊이 잠들어 있을 때 오는 공황은 예

공황 증상

1. 심계항진, 가슴 두근거림, 심박수 증가

2. 땀 흘림

3. 몸이 떨리거나 흔들림

4. 호흡곤란이나 숨 막히는 느낌

5. 질식감

6. 가슴의 통증이나 불편감

7. 메스꺼움 또는 복부 불편감

8. 어지러움 또는 불안정감, 어찔함, 기절할 것 같은 느낌

9. 오한 또는 열감

10. 감각이상(감각이 둔하거나 따끔거리는 느낌)

11. 비현실감(현실이 아닌 것 같은 느낌) 또는 이인증(자신에게서 분리된 느낌)

12. 통제력을 잃거나 미치는 것에 대한 두려움

13. 죽음에 대한 공포

기치 못한 공황의 좋은 예입니다. 공황이 계속해서 예기치 못하게 오는 사람도 있지만, 특정한 상황에 연결되어 나타나는 사람도 있습니다.

공황장애의 또 다른 특징은 공황이나 기타 신체 증상(예 : 심한 메스꺼움)이 생길 것 같은 상황을 회피하거나 주저하거나 매우 불안해하는 것입니다. 일반적으로 이런 상황은 탈출하기 힘들거나 도움을 받을 수 없는 상황들입니다. 흔한 예로 혼잡한 쇼핑몰을 들 수 있습니다. 혼잡한 쇼핑몰에서는 공황이 와서 급하게 나가려고 할 때 비상구를 찾기 힘들고 사람들을 헤치고 나가기 어려울 수 있습니다. 글상자 1.2는 대표적인 광장공포증 상황 목록입니다. 실제 위험이 없는데도 두려움 때문에 상황을 회피하는 것을 **공포증**이라고 합니다. 공황이 오거나 기타 신체 증상이 나타날 때 벗어나거나 도움을 받지 못할 것 같은 상황 또는 장소를 회피하는 것을 **광장공포증**(agoraphobia)

- 운전
- 지하철, 버스, 택시 탑승
- 비행기 탑승
- 줄 서서 기다리기
- 군중
- 상점
- 식당
- 영화관
- 집에서 먼 장소
- 낯선 장소
- 미용실이나 이발소
- 긴 산책
- 넓게 트인 장소
- 폐쇄된 공간(예 : 지하실)
- 보트
- 집에 혼자 있기
- 강당
- 엘리베이터
- 에스컬레이터

이라고 합니다. 광장공포증은 그리스어에서 유래했는데 'agora'는 시장, 즉 상점가를 뜻합니다. 그러나 글상자 1.2에서 볼 수 있듯이 광장공포증이 있는 사람이 회피하는 장소는 쇼핑몰에만 국한되지 않습니다.

　대부분의 경우 공황 이후에 광장공포증이 뒤따르기 때문에 **광장공포증을 동반한 공황장애**가 생깁니다. 그러나 어떤 사람들에게는 광장공포증이 발생하지 않는데, 이 경우 **광장공포증을 동반하지 않은 공황장애**라고 합니다. 가끔 공황 없이 광장공포증이 나타나기도 합니다. 이 경우 환자는 대부분 글상자

1.1의 증상 중 한 개, 두 개 또는 세 개 증상을 경험하지만 한 번에 네 개 이상 증상(최대로 발현된 공황의 기술적 요구조건)을 경험하지는 않습니다. 그럼에도 불구하고 한두 개 증상이 네 개 이상의 증상만큼 고통스러울 수 있습니다. 예를 들면, 때때로 어찔함이 유일한 공황 증상이지만, 어찔한 느낌에 대한 불안이 최대로 발현된 공황을 겪는 것에 대한 불안만큼 심각한 장애를 초래할 수 있습니다. 바꿔 말하면, 어찔함만 있는 사람도 종국에는 어찔함뿐 아니라 다른 여러 공황 증상을 겪는 사람만큼 광장공포증을 겪을 수 있습니다.

공황장애가 없는 광장공포증의 또 다른 예는 복부 불편감이 주된 증상일 때 화장실에 가기 힘든 상황을 꺼리는 것입니다. 복부 불편감은 메스꺼움, 위경련, 변비, 설사 등을 동반하는 배변 습관의 만성적인 장애인 과민성 대장 증후군의 증상일 수 있습니다. 이런 유형의 증상은 흔히 스트레스에 의해 더 강화되는데, 광장공포증 상황에 대한 스트레스가 그 예입니다.

또한 광장공포증에는 공황 증상 목록에 없는 시력장애 같은 기타 신체 증상 때문에 상황을 회피하는 것도 포함됩니다. 이러한 기타 증상 목록은 글상자 1.3에 나와 있습니다.

글상자 1.3 **광장공포증을 유발할 수 있는 기타 신체 증상**

■ 두통
■ 터널시야 또는 빛에 대한 민감성
■ 근육 경련
■ 소변 정체
■ 쇠약감
■ 피로감
■ 설사
■ 넘어질 것 같은 느낌

가장 중요한 개념은, 광장공포증은 특정 상황에서 불편한 신체 증상을 겪는 것에 대한 불안 때문에 주로 발생한다는 것입니다. 이런 상황은 갇혀 있다는 느낌이나 도움을 받을 방법이 없다는 생각 때문에 불편한 감정에 대처하기 어려워 보이는 상황입니다.

불편한 신체 증상과 관련이 없는 이유로도 이런 유형의 상황을 불안해하거나 회피할 수 있습니다. 예를 들면, 많은 사람들이 추락이나 납치에 대한 우려 때문에 비행기 타기를 거부합니다. 다른 운전자에 의해 사고가 날까 두려워서 운전을 어려워할 수 있습니다. 마찬가지로, 혼자 있거나 안전지역을 벗어나기를 회피하는 것은 공격당하거나 강도당하는 것에 대한 걱정 또는 기타 외부 위험에 대한 두려움과 관련이 있을 수 있습니다. 그러나 이 워크북은 이런 종류의 공포를 염두에 두고 작성된 것은 아닙니다. 이 워크북에서 다루는 대상은 불편한 신체 증상과 공황에 대한 공포 및 회피 행동입니다.

의학적 문제

특정 의학적 문제는 공황을 유발할 수 있으며, 이 문제를 조절하면 공황을 없앨 수 있습니다. 이런 질환으로는 갑상선 기능 항진증(갑상선 과다 활성)과 크롬친화성 세포종(부신의 종양, 매우 드물게 나타남)이 있으며, 암페타민(예 : 때때로 천식이나 체중 감소에 처방하는 벤제드린) 과다 복용이나 커피 과다 섭취(하루 10잔 이상) 등도 포함됩니다. 하지만 이러한 의학적 문제는 공황장애와는 다릅니다. 공황장애에서 공황은 의학적 문제에 의해 유발되지 않습니다.

어떤 의학적 문제는 공황과 비슷한 증상을 유발하지만 그 문제를 조절하더라도 공황이 없어지지 않습니다. 여기에는 저혈당, 승모판 탈출증(심장의 조동), 천식, 알레르기, 위장관 문제(예 : 과민성 대장 증후군) 등이 포함됩니다. 이런 의학적 문제 중 하나는 공황장애와 동시에 있을 수 있습니다. 예를 들면, 낮은 혈당치는 쇠약감과 떨림을 유발하여 공황을 초래할 수 있지만, 식단 조절이나 약물을 통해 혈당치를 교정하더라도 모든 공황이 반드시 멈추는 것은 아닙니다. 즉 이러한 유형의 의학적 문제가 공황장애를 악화시키는 요인일 수 있지만, 이런 의학적 문제를 제거한다고 해서 항상 공황장애가 없어지는 것은 아니며, 이 워크북에서 설명된 것과 같은 다른 치료를 필요로 할 수 있습니다.

지난 1년 동안 건강검진을 받지 않았다면, 공황과 유사한 증상을 일으키는 신체적 원인이 있는지 확인하고 공황과 불안을 유발할 수 있는 다른 신체 상태를 파악하기 위해 종합건강검진을 받는 것이 좋습니다. 그런 다음 치료 프로그램 중에 이러한 신체적 요인을 고려할 수 있습니다.

공황장애와 광장공포증은 얼마나 흔한 문제인가?

공황과 광장공포증은 매우 흔합니다. 미국 성인 인구를 대상으로 가장 최근에 실시한 대규모 조사에서 전체 인구의 5~9%가 일생에 한 번 이상 광장공포증과 공황장애 둘 다 또는 어느 하나를 경험하는 것으로 나타났습니다. 이것은 미국에서만 1650만~3000만 명이 광장공포증과 공황장애 둘 다 또는 둘 중 하나를 겪는다는 것을 의미하며, 미국인 12명 중 1명은 일생 동안 어느 시점에서 공황장애와 광장공포증 둘 다 또는 둘 중 하나를 경험합니다.

또한 많은 사람들이 공황장애로 발전하지 않는 공황을 가끔씩 경험합니다. 예를 들면, 작년 한 해 동안 전체 인구의 30% 이상이 공황을 경험했으며, 주로 시험이나 교통사고 같은 심한 스트레스 상황에서 발생했습니다. 또한 상당수 사람들이 가끔씩 느닷없이 또는 특별한 이유 없이 공황을 겪는데, 작년 한 해 동안 12%에 이르는 사람들이 경험한 것으로 추정됩니다.

공황과 광장공포증은 사회 수준과 교육 수준, 직업, 사람의 유형에 상관없이 모든 사람에게 발생합니다. 또한 공황과 광장공포증은 특정 문화적 신념에 따라 다르게 묘사되고 받아들여질 수 있지만, 다양한 인종과 문화에 걸쳐서 나타납니다. 다른 문화권에서 공황장애에 대한 인식이 높아지면서 이 워크북은 중국어, 독일어, 스페인어, 한국어, 아랍어 등 여러 다른 언어로 번역되었습니다.

도움이 되지 않는 대처 방법

우리는 앞서 공황에 대처하는 흔한 방법, 즉 공황이 일어날 것 같은 상황을 회피하는 것(광장공포증)에 대해 언급한 바 있습니다. 상황을 회피하면 단기적으로는 불안이 완화되지만, 장기적으로는 불안이 증가됩니다. 주의분산, 미신적 물건, 안전신호, 알코올 등 공황에 대처하는 여러 다른 방법도 마찬가지입니다.

회피

회피에는 벗어나기 힘들거나 도움을 받을 수 없을 것 같은 상황을 회피하는 것(광장공포증)뿐 아니라 어떤 활동이나 기타 다른 것을 회피하는 행동도 포함됩니다. 다음 행동들을 생각해 보십시오.

- 커피 마시기를 회피합니까?
- 의사가 처방한 약이라도 어떤 종류의 약이든 복용하기를 회피합니까?
- 운동 혹은 격렬한 육체적 활동을 회피합니까?
- 화나게 되는 것을 회피합니까?
- 성관계를 회피합니까?
- 공포 영화나 의학 다큐멘터리 또는 슬픈 영화 보기를 회피합니까?
- 아주 덥거나 추운 날 외출하기를 회피합니까?
- 병원에서 멀어지거나 연락이 끊기는 것을 회피합니까?
- 급하게 움직이기를 회피합니까?

일반적으로 이런 활동은 공황과 유사한 증상을 유발하기 때문에 회피하게 됩니다. 반복하자면, 회피는 단기적으로는 불안과 공황을 완화하는 데 도움이 되지만, 장기적으로는 불안을 유발합니다.

주의분산

많은 사람이 주의분산을 통해 불안한 상황을 '벗어나려고' 합니다. 주의분산에 사용되는 방법은 제한이 없으며, 많은 창의적인 방법들이 있습니다. 불안하거나 공황을 느낄 때 다음과 같은 시도를 합니까?

- 시끄러운 음악을 틉니까?
- 읽을거리를 가지고 다닙니까?
- 자신을 꼬집습니까?
- 손목에 찬 고무밴드를 튕깁니까?
- 얼굴에 차갑게 적신 수건을 얹습니까?
- 옆에 있는 사람에게 아무 얘기나 하라고 합니까?
- 가능한 한 바쁘게 지냅니까?
- 잘 때 TV를 틀어 놓습니까?
- 다른 곳에 있는 상상을 합니까?
- 숫자 세기 놀이를 합니까?

이런 종류의 주의분산은 과거에 공황을 벗어나는 데 도움이 되었을 수 있으며 미래에도 도움이 될 가능성이 높습니다. 그러나 주의분산은 당신이 지나치게 의존하는 목발 역할을 할 수 있습니다. 예를 들어, 외출할 때 읽을거리나 고무밴드를 잊어버리고 나온다면 집으로 다시 돌아가야만 할지도 모릅니다. 또한 장기적으로 볼 때 이런 전략은 그다지 도움이 되지 않습니다. 주의분산은 부러진 책상 다리를 고치지 않고 테이프를 붙여 놓는 것과 같습니다. 주의분산에 대해서는 제5장에서 자세히 다루겠습니다.

미신적 물건과 안전신호

미신적인 물건 또는 사람이란 당신이 안전하다고 느끼게 하는 특정한 물건 또는 사람을 말합니다(안전신호 또는 안전도구로도 불립니다). 예를 들면, 다른 사람이나 음식, 빈 약병 또는 가득 찬 약병 같은 것들입니다. 만약 이런 물건이나 사람이 주변에 없다면 당신은 아마도 매우 불안할 것입니다. 그러나 실제로 당신을 '구해야' 할 일은 일어나지 않기 때문에 이런 미신적 물건이나 사람이 당신을 구하는 것이 아닙니다. 다른 미신적 물건의 예는 글상자 1.4

미신적 물건과 안전신호

- 음식이나 음료
- 스멜링 솔트
- 종이봉투
- 종교적 상징
- 손전등
- 돈
- 카메라
- 가방이나 지갑
- 읽을거리
- 담배
- 반려동물
- 휴대전화

에 나와 있습니다. 주의분산과 마찬가지로 이런 물건도 목발 역할을 하며, 장기적으로는 불안을 유발할 수 있습니다.

알코올

가장 위험한 대처 전략 중 하나는 아마 알코올일 것입니다. 연구에 의하면 공황이 일어날 것 같은 상황을 극복하기 위해 여성보다 남성이 훨씬 더 많이 술에 의지한다고 합니다. 실제로 알코올 문제가 있는 사람의 3분의 2에서 절반 정도는 불안이나 공황에 대한 '자가처방'으로 술을 마시기 시작하다가 알코올 중독이 되었습니다. 공황과 불안에 대처하기 위해 술을 마시는 것은 지극히 위험한 방법입니다. 알코올이 잠시 동안은 효과가 있더라도 알코올에 의지하게 되고 점점 더 많은 알코올을 필요로 하게 될 가능성이 높기 때문입니다. 알코올을 더 많이 마실수록 알코올의 불안 완화 효과는 점점 줄어들고 불안과 우울은 오히려 증가하는 경향이 있습니다. 만약 불안을 조절하기 위해 음주를 한다면 가능한 한 빨리 끊기 위해 노력하고 의사나 정신건강 전문가에게 도움을 요청하십시오.

이 프로그램은 공황과 광장공포증에 대처하는 데 어떻게 도움이 되는가?

이 프로그램은 회피나 주의분산, 미신적 물건, 알코올 등 도움이 되지 않는 방법 대신 건설적인 대처 방법을 교육하고 가르치도록 설계되었습니다. 이 프로그램은 공황과 공황에 대한 불안 및 회피에 대처하는 방법에 초점을 맞춥니다. 이 프로그램에서 설명하는 치료의 종류를 인지행동치료(Cognitive Behavioral Therapy, CBT)라고 합니다. 인지행동치료는 몇 가지 중요한 점에서 전통적인 정신치료와 다릅니다.

전통적인 정신치료와 달리, 인지행동치료는 불안과 공황을 다스리는 기술을 가르칩니다. 구체적으로 말하자면, 호흡을 느리게 하는 방법, 사고방식을 변화시키는 방법, 불안하게 만드는 대상을 직면하여 더 이상 신경 쓰지 않거나 훨씬 덜 신경 쓰게 하는 방법을 배웁니다. 각각의 기술을 배울 때마다 우리는 교육적 정보를 제공하고 훈련의 개요를 설명합니다. 그런 다음 이전 연습을 바탕으로 새로운 기술을 익힙니다. 마지막으로, 이런 과정을 통해 익힌 기술을 공황과 불안을 다스리는 데 사용합니다.

전통적인 정신치료와 달리, 당신은 이 프로그램에서 과제를 부여받게 될 것입니다. 그런 점에서 인지행동치료는 수업에 참여하고 다음 수업까지 스스로 추가 학습을 하는 것과 매우 비슷합니다. 많은 면에서 당신의 치료에 가장 필수적인 것은 이 자가학습 프로그램입니다.

전통적인 정신치료와 달리, 예컨대 어렸을 때 누군가 심장마비로 사망하는 장면을 목격한 후 자신도 심장마비로 죽을지 모른다는 두려움을 갖게 된 경우처럼, 공황과 직접적으로 연관되지 않는다면 우리는 어린 시절 기억과 경험을 특별히 강조하지 않습니다. 대신, 인지행동치료는 현재 당신의 공황장애와 광장공포증을 유발하는 요인을 차단하는 데 중점을 둡니다. 보다시피 이 방법은 매우 효과적인 것으로 입증되었습니다.

인지행동치료를 시작하는 효과적인 방법은 무엇이 공황을 일으키는지 교육하는 것입니다.

무엇이 공황, 불안, 광장공포증을 유발하는가?

공황, 불안, 광장공포증의 원인은 매우 복잡하며, 아직도 우리는 모든 답을 알지 못합니다. 이 주제를 제2장에서 더 자세히 논의하겠지만, 여기에서 공황과 불안의 원인에 관해 몇 가지 사항을 언급하는 것이 중요합니다.

생물학적 요인

먼저, 연구 결과는 공황이 생물학적 질병 때문에 발생한다는 것을 시사하지 않습니다. 물론 앞에서 언급한 갑상선 기능 항진증이나 부신 종양 같은 질환이 공황과 유사한 증상을 유발하는 비교적 드문 사례는 있습니다. 그러나 일반적인 공황은 생물학적 기능장애 때문은 아닌 것으로 보입니다.

많은 사람이 공황이 화학적 불균형 때문인지 궁금해합니다. 뇌를 포함한 중추신경계에서 신경신호를 전달하는 데 관여하는 물질을 신경화학물질이라고 합니다. 공황과 불안에 영향을 줄 수 있는 신경화학물질에는 노르아드레날린과 세로토닌이 있습니다. 이런 물질이 불안과 공황을 겪는 동안 중추신경계에 더 많이 존재할 수는 있지만, 화학적 불균형이 공황과 불안의 근본이거나 주된 원인이라는 증거는 아직 없습니다. 최근 양전자 단층촬영(PET)과 기능적 자기공명영상(fMRI)이라는 '뇌 스캔'을 이용한 연구에서 나온 일부 증거는 불안한 사람에서 특정 뇌 부위가 활성화되는 것을 보여 줍니다. 그러나 뇌의 이런 활성화가 불안의 영향으로 나타난 것인지 아니면 불안을 유발하는 원인인지는 명확하지 않습니다.

한편, 어떤 사람들에게는 선천적이거나 유전된 특정 생물학적 요인에 의해 공황이 일어날 가능성이 더 높습니다. 많은 전문가들은 공황을 경험하지 않는 사람들보다 공황을 경험하는 사람들에게 불안과 공황뿐 아니라 분노, 슬픔, 죄책감, 부끄러움 등 강렬한 부정적 감정을 더 자주 경험하게 하는 신경계의 민감한 부분이 유전된다고 생각합니다. 그러나 부정적 감정을 경험하는 취약성을 물려받는다고 해서 반드시 공황 또는 공황장애를 경험하게 되는 것은 아닙니다. 다시 말해, 공황은 예컨대 눈 색깔이 유전되는 것과 같은 방식으로 유전되지 않습니다. 만약 당신이 푸른 눈 유전자를 물려받았다면 당신의 눈은 푸른색일 것입니다. 그러나 공황장애는 이런 식으로 유전되지 않습니다. 사람들은 공황장애에 대한 어떤 경향성(또는 취약성)을 물려받을 수 있습니다. 이것은 신경증 같은 성격 경향 또는 기질일 수 있으며, 공황장애가 발생할 가능성을 높이지만, 반드시 공황장애를 유발하는 것은 아닙니다. 더욱이 공황에 대한 취약성을 갖고 있다고 하더라도 공황의 재발을 방지하는 방식으로 생각하고 행동할 수 있습니다(이것이 바로 우리가 이 프로그램에서 가르치는 내용입니다).

생물학적 요인(그것이 무엇이건 간에)은 공황장애가 가족 내에서 더 잘 발병하는 경향을 설명하는 데 도움이 될 수 있습니다. 다시 말해, 한 가족 구성원에게 공황장애가 있다면 그 가족에게 공황장애가 발생할 확률은 일반 인구에 비해 더 높습니다. 미국 성인 인구의 5~9%가 공황장애와 광장공포증 둘 다 또는 둘 중 하나를 갖고 있는 데 반해, 공황장애 환자의 직계가족(부모, 형제, 자녀)에서는 15~20%가 공황장애를 겪습니다.

심리적 요인

심리적 요인 역시 중요합니다. 공황을 경험하는 사람들은 심장박동 증가, 호흡곤란, 어지러움 등과 같은 신체 증상을 더 두려워하는 믿음을 갖는 경향이 있습니다. 이 믿음은 신체 증상이 정신적, 신체적, 또는 사회적으로 해롭다는 것입니다. 이런 믿음의 예는 "심장이 빨리 뛰면 심장질환의 신호일 수 있다.", "어찔함을 느끼는 것은 곧 기절한다는 신호이다.", "배가 꾸르륵거리는 것은 변을 지릴 것이라는 의미일 수 있다.", "격한 감정을 느끼는 것은 자신의 감정을 통제하지 못한다는 의미이다.", "비현실감을 느끼면 통제력을 잃거나 미치게 될 것이다." 등입니다.

이런 믿음을 갖게 되는 원인은 아직 완전히 밝혀지지 않았지만, 건강과 질병에 관한 개인적인 경험이 중요한 원인 중 하나일 수 있습니다. 예를 들면, 자녀의 신체건강을 지나치게 보호하는 부모 밑에서 자란 사람은 자신의 신체적 안녕을 지나치게 걱정할 수 있고, 이러한 걱정은 점차 신체 증상이 위험하다는 믿음으로 발전합니다. 또한 심장마비나 뇌졸중 같은 신체질환으로 갑작스럽게 가까운 가족을 잃은 사람은 자신의 신체 증상이 위험하다고 믿게 될 수 있습니다. 또 다른 예로, 가까운 가족이 오랫동안 만성 폐쇄성 폐질환과 같은 심각한 질병을 앓는 것을 목격한 사람은 호흡기 증상이나 고통에 매우 민감해질 수 있습니다.

그러나 이런 믿음만이 공황의 유일한 원인은 아닙니다. 앞서 설명한 생물학적 요인과 같이, 신체 증상이 위험하다는 믿음은 공황과 공황장애의 발생 가능성을 높일 수 있지만 공황과 공황장애를 반드시 유발하는 것은 아닙니다. 더욱이 다른 방식으로 생각하고 행동하는 법을 배운다면 이런 유형의 심리적 취약성은 보완될 수 있습니다.

공황에 대한 취약성은 심리적 요인과 생물학적 요인의 복합적인 상호작용 때문일 가능성이 높습니다. 분명한 것은, 공황은 급격하게 공포에 휩싸이는 현상으로서, 그 자체로는 정상적인 신체 반응이라는 것입니다. 단지 발생할 상황이 아닐 때, 즉 두려워할 실제적인 원인이 없을 때 이러한 반응이 나타나는 것이 비정상일 뿐입니다. 다시 말하지만, 이 반응 자체는 정상적이고 자연스러운 현상이며, 권총을 든 사람의 공격을 받을 때와 같이 실제 위험에 직면할 때 나타나는 반응과 동일한 현상입니다. 또한 공황이 해롭다고 믿는다면, 공황이 다시 올까 봐 불안해하고 공황이 일어날 것 같은 장소를 피하는 것은 정상적이고 자연스러운 현상입니다.

스트레스

첫 공황은 대부분 스트레스를 심하게 받고 있을 때 옵니다. 스트레스는 실직 같은 부정적 사건뿐 아니라 새집으로의 이사, 결혼, 출산 같은 긍정적 사건에 의해서도 유발됩니다. 20대에는 집을 떠나 독립을 하거나 새로운 직업과 인간관계를 시작하는 등 새로운 책임을 맡게 되는 경향이 있습니다. 이것은 공황이 이 시기에 처음 시작될 확률이 높은 이유일 수 있습니다.

스트레스를 겪는 동안에는 누구나 더 긴장되고 사소한 일에도 대처하기가 힘들어집니다. 스트레스는 전반적인 신체적 긴장 수준을 증가시키며 삶에 대처하는 능력에 대한 자신감을 떨어뜨릴 수 있습니다. 게다가 부정적인 생활 스트레스를 많이 겪으면 세상을 위협적이거나 위험한 곳으로 여기게 될 수 있습니다. 이런 모든 이유 때문에 정상적으로 잘 대처할 수 있는 상황도 스트레스가 지속되고 있는 맥락에서는 훨씬 더 큰 스트레스가 될 수 있습니다. 최근에 직장을 잃고 난 후 가정불화를 겪고 있는 어떤 여성의 경우를 봅시다. 이런 스트레스 배경 속에서는 교통 정체를 견디는 것이 배경 스트레스가 없을 때보다 훨씬 더 힘들 수 있습니다. 결과적으로 스트레스는 공황이 일어날 확률을 높입니다. 그러나 스트레스만으로는 충분히 설명되지 않습니다. 어떤 사람은 아주 많은 스트레스를 받더라도 공황을 겪지 않고, 단지 두통이나 고혈압, 궤양 같은 다른 반응을 보입니다. 스트레스 사건은 공황에 취약하거나 민감한 사람들에게 공황의 발생 가능성을 높이는 것으로 생각됩니다. 이런 취약성에는 앞서 설명한 생물학적 요인과 심리적 요인이 포함됩니다.

또한 스트레스에 의해 공황이 지속되는 경우는 거의 없습니다. 예를 들어, 결혼 생활 문제가 많을 때 시작된 공황은 결혼 생활 문제가 해소된 후에도 계속될 가능성이 높습니다. 이것은 공황과 불안이 부정적인 주기를 유지하려는 경향, 즉 부정적 자기지속 주기 경향이 있기 때문입니다. 이 지속 주기는 제2장에서 자세히 설명됩니다.

이 프로그램이 당신에게 적합한가?

다음 목록은 이 공황과 불안의 극복(Mastering Your Anxiety and Panic, MAP) 프로그램으로부터 혜택을 받을 수 있는지 판단하는 데 도움을 줄 것입니다.

다음 중 경험한 항목이 있습니까?

- 갑작스럽고 극심한 불편감 또는 공포 삽화(즉 공황)
- 다음 목록의 신체 증상과 공포를 동반하는 몇 차례 이상의 공황
  - 호흡곤란이나 숨 막히는 느낌
  - 심계항진, 심박수 증가 또는 가슴 두근거림
  - 가슴 통증 또는 불쾌감
  - 몸이 떨리거나 흔들림
  - 질식감

- 땀 흘림
- 어지러움, 불안정감, 어찔함, 기절할 것 같은 느낌
- 오한 또는 열감
- 메스꺼움 또는 복부 불편감
- 비현실감 또는 이인증
- 감각이 둔하거나 따끔거리는 느낌
- 죽음에 대한 공포
- 미치거나 통제력을 잃는 것에 대한 두려움
- 두 차례 이상의 예기치 못한 또는 느닷없는 공황
- 공황이나 공황의 결과 또는 공황으로 인한 삶의 변화에 대한 지속적인 불안과 걱정
- 공황이 올 것 같은 여러 상황(운전, 혼자 있기, 혼잡한 장소, 낯선 곳 등)이나 일상 활동(운동 등)을 회피
- 신체적 상태나 질병의 직접적 결과가 아닌 공황

앞서 언급한 바와 같이, 공황은 사회공포증과 강박장애, 범불안장애, 외상 후 스트레스장애, 특정 공포증 등 모든 형태의 불안 문제에서 나타날 수 있습니다. 그뿐 아니라 공황은 우울증 같은 기분장애에서도 나타날 수 있습니다. 그러나 다른 질환과 구분되는 공황장애의 특징은 공황 그 자체가 불안과 염려의 주요 원인이라는 것입니다. 만약 몇 차례 공황을 겪었지만 추가 공황에 대해서는 불안하지 않고 오히려 다른 것을 걱정한다면, 보다 적절한 다른 치료 방법을 전문가에게 문의하십시오. 만약 주된 걱정이 공황을 겪는 것 그 자체라면 이 프로그램은 당신에게 적합할 것입니다. 물론 이때 공황은 신체적 상태나 질병의 직접적인 결과가 아니어야 합니다.

다른 심리치료를 받고 있는가?

과거에 공황과 불안을 치료하기 위해 다른 전문가를 만났다고 하더라도 이 프로그램은 당신의 치료에 적합할 수 있습니다. 우리는 이 프로그램을 다양한 형태의 치료를 받았던 사람들에게 몇 번이고 반복해서 사용했습니다. 그

러나 이 프로그램에 참여하는 환자가 다른 치료를 계속 받기 위해서는 고려할 점이 있습니다. 이 프로그램은 공황과 불안을 구체적으로 다루는 다른 심리치료와 병행하지 않는 것이 좋습니다. 동일한 문제에 대해 다른 치료의 메시지가 서로 뒤섞여서 혼동을 일으킬 수 있기 때문입니다. 공황장애는 한 번에 한 가지 치료만 하는 것이 훨씬 더 효과적입니다. 반면, 진행 중인 일반 치료나 공황 이외의 문제(결혼 문제 등)를 다루는 치료는 이 프로그램과 병행할 수 있습니다.

만약 공황과 불안을 다루는 다른 심리치료를 받고 있다면, 그 치료의 효과를 확신할 수 있을 때까지 계속하는 것이 좋습니다. 만약 그 치료가 효과적이라면 더 이상 치료가 필요 없으며, 효과적이지 않다면 이 프로그램을 시도해 볼 수 있습니다.

곧 알게 되겠지만, 우리 프로그램은 지금까지 많은 사람에게 매우 효과적이었습니다. 그러나 이것은 다른 심리치료를 시도하면 안 된다는 의미가 아닙니다. 사람에 따라 더 효과적이거나 덜 효과적인 치료 형태가 있을 수 있습니다. 만약 당신이 공황장애와 광장공포증에 대해 다른 치료를 받고 있다면 그 치료의 효과 여부를 판단해야 합니다. 미국정신의학회(APA)와 미국 국립정신보건원(NIMH)은 공황장애에 대한 심리치료의 효과 여부는 공황장애가 호전되기 시작하는 것이 명확해지는 약 6주 후에 판단하도록 권고합니다. 또한 공황장애가 호전되는 증거가 없으면 공황장애에 대한 심리치료를 몇 년씩 계속하지 말도록 권고합니다.

약을 복용하고 있는가?

불안과 공황을 다스리기 위해 약을 복용하고 있더라도 공황에 대한 불안이 지속된다면 이 프로그램은 도움이 될 것입니다. 이것은 약물치료가 항상 최대 효과를 나타내는 것은 아니기 때문입니다. 어떤 사람들에게는 약물치료가 경도에서 중등도 효과에 불과하거나 전혀 효과가 없을 수 있습니다. 또 다른 사람들에게는 약물치료가 처음에 효과적이더라도 복용을 중단하면 재발이 일어납니다.

다행히도 약물치료는 이 프로그램과 성공적으로 병행될 수 있으며, 제11장에서 이를 달성하는 방법을 논의합니다. 더불어, 이 프로그램은 약물치료를 중단하려는 사람에게도 도움이 되는 것으로 밝혀졌습니다. 약물치료를 중단하는 데 관심이 있는 사람들을 위해 제11장에 의사의 감독하에 약을 끊는 과정에서 활용될 수 있는 몇 가지 조언을 실었습니다. 임의로 약의 복용을 중단하는 것은 현명하지 못한 시도입니다.

이 프로그램에 대한 요약 설명

이 프로그램에서 당신은 (1) 공황을 다스리는 법, (2) 공황과 관련된 불안, (3) 공황과 광장공포증 상황에 대한 회피에 관해 배울 것입니다. 이 프로그램은 12개 장으로 나뉘며, 일부 장은 몇 개의 절로 구성됩니다. 각 장에서는 구체적인 기술을 배울 것입니다. 각 장의 내용에 대한 개요는 이 장의 뒷부분에 나와 있습니다. 각각의 기술은 서로를 기반으로 구축되므로 새로운 장이나 새로운 절에서는 앞에서 배운 기술이 사용됩니다. 이 프로그램은 체계적으로 구조화되어 있지만, 경우에 따라 개인별로 변형하여 활용할 수 있습니다.

각 장 또는 각 절의 마지막 부분에 있는 자가평가를 통해 내용을 이해했는지 확인할 수 있습니다. 만약 이해가 불충분하다면 내용을 다시 확인하십시오. 새로운 단계는 이전 단계를 기초로 하기 때문에 이 과정은 중요합니다. 해당 장 또는 절의 내용을 이해했으면 다음으로 진행하십시오. 또한 각 장 또는 절의 마지막에는 과제 연습이 요약되어 있습니다. 과제의 중요성은 아무리 강조해도 지나치지 않습니다. 이 프로그램의 성공은 이 연습을 완수하는 데 달려 있다고 할 수 있습니다.

프로그램의 진행 속도는 어느 정도 당신과 치료자에게 달려 있지만, 다음에 제시하는 일반적인 속도를 권장합니다. 첫 단계는 기초 단계라고 하며, 제2~4장과 제11장의 제1절을 읽는 데 일주일이 걸립니다. 이 장들은 구체적인 전략을 배우기 시작하는 데 필수적인 모든 기본 정보를 제공하며, 공황과 불안을 정확하게 기록하는 방법을 배웁니다. 적어도 일주일간 공황과 불안을 기록한 후, 광장공포증 상황의 순위 목록(제5장)을 만들고, 호흡 조절(제6장)과 사고기법(제7장)을 배우는 대처기술 단계를 시작합니다. 대처기술 단계는 약 3주 정도 걸립니다. 그리고 나서 이어지는 6주는 두려운 증상과 상황에 대한 노출 단계에 집중합니다. 이 단계에서는 두려운 신체 증상과 광장공포증 상황에 대한 직면(제8, 9장)과 조력자 참여(제10장)를 반복적으로 훈련합니다. 노출 단계에 걸리는 시간은 광장공포증 상황과 공황을 구성하는 신체 증상의 수에 따라 크게 달라집니다. 마지막은 **미래를 위한 계획** 단계로서, 약을 끊는 방법(제11장, 제2절)과 성과를 장기적으로 유지하는 전략(제12장)에 대한 고려사항을 다룹니다. 표 1.1에는 이 워크북의 장이 나열되어 있습니다.

다음 개요는 권장되는 속도를 제시합니다. 그러나 공황과 불안, 광장공포증에 대한 경험과 치료자의 안내나 조언에 따라 속도가 달라질 수도 있습니다. 예컨대, 회피하는 광장공포증 상황이 몇 가지 상황에만 한정된다면 제8장에서 소요되는 시간이 훨씬 줄어들 것입니다.

제1주	제2장 : 공황과 불안 기록하기
	제3장 : 공황과 광장공포증의 부정적 주기
	제4장 : 공황은 해롭지 않다
	제11장, 제1절 : 불안에 대한 약물치료
제2주	제5장 : 광장공포증 상황의 순위 설정
	제6장, 제1절 : 교육과 복식호흡
	제7장, 제1절 : 사고와 감정의 관계
	제7장, 제2절 : 속단하기와 현실적 확률
제3주	제6장, 제2절 : 검토와 느린 호흡
	제7장, 제3절 : 최악의 상황 직면하기와 객관적 관점으로 보기
제4주	제6장, 제3절 : 대처 응용
	제7장, 제4절 : 사고기법 검토와 기억 다스리기
	제8장, 제1절 : 신체 증상 직면하기
제5주	제6장, 제4절 : 검토
	제8장, 제2절 : 증상 직면 검토 및 지속적인 연습
	제9장, 제1절 : 광장공포증 상황 직면에 대한 계획 및 연습
제6주	제8장, 제2절 : 증상 직면 검토 및 지속적인 연습

	제9장, 제2절 : 광장공포증 상황 직면 검토와 지속적인 계획 및 연습
제7주	제8장, 제3절 : 일상 활동에서 증상 직면하기
	제9장, 제2절 : 광장공포증 상황 직면 검토와 지속적인 계획 및 연습
	제10장 : 조력자의 참여
제8주	제8장, 제3절 : 일상 활동에서 증상 직면하기
	제9장, 제2절 : 광장공포증 상황 직면 검토와 지속적인 계획 및 연습
제9주	제8장, 제3절 : 일상 활동에서 증상 직면하기
	제9장, 제2절 : 광장공포증 상황 직면 검토와 지속적인 계획 및 연습
제10주	제8장, 제3절 : 일상 활동에서 증상 직면하기
	제8장, 제4절 : 일상 활동 직면 검토 및 지속적인 연습 계획
	제9장, 제3절 : 신체 증상과 광장공포증 상황을 함께 직면하기
제11주	제9장, 제3절 : 신체 증상과 광장공포증 상황을 함께 직면하기
제12주	제11장, 제2절 : 약 끊기
	제12장 : 성취, 유지, 재발 방지

마지막으로, 이 프로그램은 전문의나 정신건강 전문가와 함께 진행하는 것을 추천합니다. 그들은 당신이 다양한 기술을 배우고 각종 훈련을 수행할 때 부가적인 정보와 조언, 안내를 제공할 수 있습니다. 그뿐만 아니라 그들은 당신의 필요에 따라 프로그램을 조정하는 데 도움을 줄 수 있습니다.

이 프로그램에 시간을 투자하는 동안에는 이 프로그램이 우선순위가 되어야 합니다. 지금까지 공포 그 자체에 초점을 맞췄다면, 앞으로는 불안과 공황을 극복하는 능력을 얻는 데 초점을 맞춰야 합니다.

이 프로그램을 통해 얻을 이득은 무엇인가?

이 프로그램을 통해 무엇을 기대할 수 있을까요? 이것은 우리 프로그램에 참가할지를 결정하는 데 중요한 정보입니다. 지난 30년 동안 수행한 연구에 따르면 이 치료법은 매우 성공적인 것으로 나타났습니다. 이 프로그램을 마친 후 더 이상 공황을 겪지 않는다고 보고한 사람의 비율은 70~90%에 이릅

표 1.1 불안과 공황의 극복치료 프로그램 개요

제1장	공황장애와 광장공포증의 본질
제1부 : 기초	
제2장	공황과 불안 기록하기
제3장	공황과 광장공포증의 부정적 주기
제4장	공황은 해롭지 않다
제2부 : 대처기술	
제5장	광장공포증 상황의 순위 설정
제6장	호흡법
제7장	사고기법
제3부 : 두려운 증상과 상황에 대한 노출	
제8장	신체 증상 직면하기
제9장	광장공포증 상황 직면하기
제10장	조력자의 참여
제4부 : 미래를 위한 계획	
제11장	약물치료
제12장	성취, 유지, 재발 방지

니다. 이러한 성공률은 이와 유사한 치료를 검증해 온 전 세계 연구자들에 의해 재현되었습니다. 더욱 흥미로운 사실은 이런 결과가 최대 5년까지 지속된다는 것입니다. 이는 우리가 검증했던 가장 긴 기간입니다. 이렇게 장기간 효과가 유지되는 이유 중 하나는 이 치료가 본질적으로 학습 프로그램이기 때문입니다. 무언가 학습되면 그것은 당신의 자연스러운 반응의 일부가 되므로 정규 프로그램을 마치고 나서도 유지가 됩니다. 앞으로 당신은 좋은 시기와 나쁜 시기를 겪을 수 있겠지만, 이 프로그램을 마침으로써 나쁜 시기에 더 잘 대처하고 정상 기능을 더 쉽게 회복할 수 있을 것입니다.

1991년 초에 얻은 결과를 바탕으로 미국 국립정신보건원(NIMH)은 공식 성명을 통해 공황장애의 우선적 치료는 이러한 유형의 프로그램(인지행동치료)과 약물치료 또는 두 치료의 병행치료라고 발표했습니다. 그 이후로 이 권고사항은 미국 물질남용 및 정신건강 서비스국(SAMHSA)과 미국정신의학회

(APA), 영국 국립보건서비스(NHS) 같은 기관에서도 여러 차례 반복해서 발표되었습니다. 이 치료 프로그램이 당신에게 적합하거나 당신이 앞으로 다시 공황을 겪지 않을 것이라고 보장할 수는 없지만, 치료의 성공률을 감안할 때 이 프로그램은 충분히 시도할 만한 가치가 있습니다.

이들 수치는 공황이 얼마나 성공적으로 통제되는지를 나타냅니다. 공황을 겪는 많은 사람은 광장공포증도 같이 겪습니다. 광장공포증에 초점을 맞춘 치료 프로그램 자체로도 참가자의 60~80%가 상당히 개선되었습니다. 또한 이 개선 비율은 치료 종결 후에도 (우리가 검증했던 가장 긴 기간인) 최대 5년까지 유지되며, 실제로는 지속되는 경우가 많습니다.

감정적 비용은 무엇인가?

이 프로그램이 얼마나 효과적인지 알았다면, 다음 떠오르는 질문은 "비용은 얼마인가?"일 것입니다. 비용은 주로, 다음 10~12주 동안 들여야 하는 시간과 노력입니다. 이 프로그램의 효과를 예측하는 것으로 알려진 하나의(아마도 유일한) 요인은 실시하는 연습의 양입니다. 이 프로그램에서 더 많이 연습할수록 더 많은 것을 얻을 것입니다! 성공을 예측하는 요인은 공황과 회피의 심각도도 아니고, 공황을 앓은 기간도 아니며, 당신의 나이도 아닙니다. 가장 중요한 요인은 변화하는 법을 배우겠다는 동기입니다. 당신은 지금 최선을 다할 동기가 있습니까? 한 가지 명심해야 할 것은 이 프로그램을 마치기 위해서는 아마도 당신이 평소에 공황과 불안을 다스리기 위해 들이는 만큼의 에너지와 노력을 들여야 할 것이라는 점입니다. 그러나 이 프로그램의 큰 장점은 바로 에너지와 노력을 들이는 만큼 긍정적인 변화를 낳는다는 것입니다.

만약 지금 변화에 대한 동기가 없다면, 프로그램에 참가하는 것을 미루는 것이 좋습니다. 어떤 프로그램을 건성으로 시작하면 실패하기 마련이기 때문입니다.

마지막으로, 이 프로그램을 진행하면서 공포와 불안이 빠르게 줄어들더라도, 프로그램을 끝까지 완료하는 것이 좋습니다. 염증을 치료할 때 세균 감염

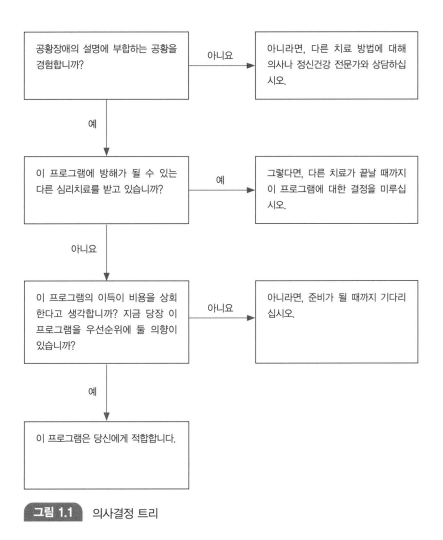

그림 1.1 의사결정 트리

증상이 빨리 사라지더라도 처방된 항생제를 모두 복용하는 것이 재발을 방지하는 데 더 효과적이듯이, 전체 프로그램을 완료하는 것이 장기적으로 더 효과적입니다. 그림 1.1의 의사결정 트리는 당신에게 이 프로그램이 적합한지를 결정하는 데 도움이 될 것입니다.

과제

✎ 제2~4장과 제11장의 제1절을 읽으십시오.

자가평가

다음 질문에 '예' 또는 '아니요'로 답하십시오. 정답은 부록에 수록되어 있습니다.

1. 공황을 겪지만 공황장애로 진단되지 않는 사람들도 있다.	예	아니요
2. 공황은 불쾌한 신체 증상에 더해서 "미칠 것 같다.", "통제력을 잃을 것 같다.", "죽을 것 같다."는 생각을 수반한다.	예	아니요
3. 공황과 광장공포증은 전체 인구의 1% 미만이 이환되는 매우 드문 질환이다.	예	아니요
4. 공황장애가 있는 부모의 자녀는 정상 부모의 자녀에 비해 공황장애가 발생할 위험성이 더 크지 않다.	예	아니요
5. 미신적 물건, 주의분산, 알코올, 회피의 한 가지 공통점은 장기적으로는 불안과 공황을 유발한다는 것이다.	예	아니요
6. 공황장애는 선천적으로 타고나며, 일단 유전자를 가지고 있다면 어쩔 도리가 없다.	예	아니요

PART 1

기초

제1부에서는 공황과 불안에 대한 이해를 높이고 기록 유지의 중요성을 강조하며, 공황과 불안을 모니터링하고 추적하는 구체적인 방법을 개발하도록 안내할 것입니다.

공황과 불안 기록하기

목표

- 기록 유지의 중요성을 배운다.
- 공황과 불안 및 기타 감정을 기록하는 방법을 배운다.

기록 유지

이 장에서는 기록 유지의 중요성과 방법을 소개합니다. 이 프로그램에 참여하는 남은 기간 동안 당신은 공황과 불안을 계속해서 기록해야 합니다. 이 프로그램의 성공을 위해서는 지속적인 기록 유지가 필수적입니다.

왜 기록하는가?

불안을 규칙적으로 계속 기록하는 것이 중요한 이유는 여러 가지가 있습니다. 첫째, 공황, 특히 뚜렷한 이유 없이 발생하는 것 같은 공황은 마치 자신이 통제력을 잃고 불안의 피해자인 것같이 느끼게 합니다. 불안의 피해자가 아니라 관찰자가 되는 법을 배우는 것은 통제력을 얻는 첫 단계입니다. 기록 유지를 통해서 공황과 불안이 언제, 어디서, 어떤 상황에서 발생하는지 관찰하는 법을 배울 것입니다.

　기록을 계속하면 공황이 혼자 있을 때 오는지 다른 사람들과 함께 있을 때 오는지, 직장에서 스트레스를 많이 겪고 나서 오는지, 주말에 쉴 때 오는지, 한낮에 오는지, 저녁에 오는지 알게 될 것입니다. 또한 공황이 TV로 스포츠 중계를 보면서 흥분된 느낌 때문에 발생하는지, 붐비는 쇼핑 공간에서 느끼는 과열감 때문에 오는지, 스팀 샤워에 의한 숨 막히는 느낌 때문에 오는지, 무언가 무서운 일이 일어날 것 같은 생각 때문에 오는지, 편하게 쉴 때 자신의 공포감을 곱씹는 것 외에는 할 일이 없기 때문에 오는지 알게 될 것입니다. 다시 한번 강조하지만, 기록 유지를 통해 공황과 불안을 일으키는 요인을 이해하면 자신을 통제하는 느낌이 더 커지고 스스로 피해자처럼 느껴지지 않을 것입니다.

둘째, 기록을 하면 공황과 불안을 경험하는 세 가지 방식, 즉 생각하는 것, 감각을 느끼는 것, 행동하는 것을 이해하는 법을 배우게 됩니다. 이것은 매우 중요합니다. 이 프로그램은 불안한 생각과 불안한 감각, 불안한 행동을 구체적으로 변화시키도록 고안되었기 때문입니다. 이 세 가지 방식에 대한 정확한 이해가 없으면 이들을 변화시킬 수 없습니다.

셋째, "요즘 내 기분이 어땠지?" 하고 떠올려 보는 것보다는 기록을 계속하는 것이 훨씬 더 정확한 정보를 제공합니다. 프로그램에서 지난주에 어떻게 지냈는지 설명할 때, 기록을 하지 않으면 실제로는 편안했던 날이 며칠 있었는데도 '매우 나빴다'고 판단해 버릴 수 있습니다. 불안에 사로잡혀 있을 때는 불안하지 않았던 순간들을 잊어버리기 쉽기 때문입니다. 지난주가 '매우 나빴다'라고 생각하고 '괜찮았던' 시간들을 간과해 버린다면 기분이 더 나빠지고 더 불안해질 가능성이 높습니다. 사실, 자신의 전반적인 상태에 대한 이런 부정적인 판단은 지속적인 불안의 원인이 될 수 있습니다. 기록을 계속하면, 당신의 기분 상태에 변동이 있으며 덜 불안한 시기들이 있다는 사실을 알 수 있고, 이로 인해 더 통제감을 느낄 뿐 아니라 덜 불안할 것입니다.

마지막으로, 기록은 당신의 진전을 평가하는 데 도움이 됩니다. 이런 이유 때문에 전체 프로그램 기간 동안 기록을 계속하기를 권장합니다. 기록을 계속하면 프로그램에서 얻은 성과를 인정하고, 간헐적인 공황으로 당신이 이룬 진전이 수포로 돌아가는 것을 방지해 줄 것입니다.

기록을 계속하면 얻을 수 있는 장점과 이 프로그램에서 기록이 중요한 이유를 요약하면 다음과 같습니다.

- 공황이 언제, 어디서 발생할 가능성이 높은지 파악할 수 있어 통제감을 갖는 데 도움이 된다.
- 불안을 경험하는 세 가지 방식, 즉 신체감각, 생각, 행동을 파악한다.
- 불안과 공황의 정도를 더 정확하게 판단할 수 있다.
- 변화하기 위한 당신의 시도가 성공했는지 평가한다.

객관적 기록이란 무엇인가?

때때로 사람들은 공황과 불안을 계속 기록하면 자신들이 얼마나 불안한지 떠올리게 돼서 오히려 더 불안하지 않을지 걱정합니다. 이 걱정에 대처하려면 기록의 두 가지 방식, 즉 주관적 기록과 객관적 기록을 구분하는 것이 중요합니다.

- **주관적 기록**이란, 기분이 얼마나 나쁜지, 공황이 얼마나 끔찍한지, 그것이 삶을 얼마나 방해하는지, 공황을 얼마나 통제할 수 없는지 등에 대한 기록을 말합니다. 예를 들면, "오늘 몸이 좋지 않아. 공황이 올 것 같아. 너무 어지러워서 집에 가야 하면 어떡하지?" 또는 "난 너무 불안해. 이런 느낌이 사라졌으면 좋겠어. 더 나빠지면 어떡하지?" 등입니다. 이런 식의 주관적 기록은 불안을 더 증폭시키는 경향이 있습니다. 주관적 기록은 이미 당신이 하고 있는 행동일 수 있으며, 동시에 전반적인 불안을 악화시키기 때문에 피하려 하는 행동일 수도 있습니다.
- **객관적 기록**은 이 장에서 배울 기법으로서 공황과 불안의 특징을 구체적이고 있는 그대로 기록하는 것을 말합니다. 당신은 증상의 개수나 강도, 공황의 촉발 요인, 생각, 공황에 대한 행동 반응 등을 기록하는 방법을 배울 것입니다.

처음에는 주관적 기록에서 객관적 기록으로 전환하기 힘들 수 있으며, 기록을 사용하기 시작하면 오래된 주관적 방식으로 감정에 집중하기 때문에 실제로 불안이 증가하는 것을 느낄 수 있습니다. 그러나 연습을 하면 대부분의 사람들은 객관적 모드로 옮겨 갈 수 있습니다. 이것을 돕기 위해 우리는 매우 구체적으로 정보를 기록할 수 있는 양식을 개발했습니다. 이를 곧 설명하겠습니다.

무엇을 기록하는가?

공황

기록지 2.1의 '공황 기록'을 이용해서 공황을 기록할 것입니다. 이 책에서 기록지를 복사하여 사용할 수 있습니다. 공황 또는 갑작스러운 공포감을 경험할 때마다 이 기록지를 사용하십시오. 공황은 불안과 다릅니다. 공황은 돌발적으로 공포감이 엄습하는 것으로서, 완전히 긴장을 풀고 있을 때도 올 수 있고 불안한 상태일 때 올 수도 있습니다. 공황은 빠르게 최고조에 이르렀다 10~30분 사이에 완화되지만, 이후로도 한참 동안 일부 증상과 불안을 계속 경험할 수 있습니다. 이것을 잔여 불안이라고 합니다. 잔여 불안기 중에 공황을 다시 경험할 수도 있습니다(그림 2.1 참조).

반대로 불안은 더 천천히 증가합니다. 그러나 때로는 수술을 받기 전이나 시험 결과를 기다릴 때같이 불안이 매우 강하고 심각할 수 있습니다. 불안은 미래에 일어날 일에 관한 걱정으로 가장 잘 설명되는데, 그 미래가 불과 한 시간 뒤라고 하더라도 마찬가지입니다. 반면에 공황은 당장 재앙이 닥친다는 생각(예 : "나는 이제 죽는구나.")과 함께 공포감이 엄습하는 것입니다.

공황 기록에는 공황이 시작된 날짜와 시간을 쓰고, 공황을 유발한 것으로 보이는 촉발 요인도 기록하십시오. 촉발 요인에는 스트레스 상황, 불안한 생각, 불편한 신체 증상 등이 포함될 수 있습니다. 무엇이 공황을 유발했는지 모르더라도, 공황이 오기 직전에 당신이 알아차린 사항을 나열해 보십시오. 또한 공황을 예상했는지 또는 공황이 '느닷없이' 왔는지 체크하고, 공황 때

기록지 2.1 공황 기록

날짜 : _____   시작 시간 : _____

촉발 요인 : _____

예상함 : _____   예상치 못함 : _____

공포 최고치

0 — 1 — 2 — 3 — 4 — 5 — 6 — 7 — 8 — 9 — 10

없음   약함   중간   강함   극심함

느꼈던 모든 증상을 체크하십시오.

가슴 통증 또는 불편감   _____

땀 흘림   _____

심박수 증가/심계항진/가슴 두근거림   _____

메스꺼움/복부 불편감   _____

호흡곤란   _____

어지러움/불안정감/어찔함/기절할 것 같은 느낌   _____

몸이 떨림/흔들림   _____

오한/열감   _____

감각이 둔함/따끔거리는 느낌   _____

비현실감   _____

질식감   _____

죽음에 대한 공포   _____

통제력을 잃는 것/미치는 것에 대한 공포   _____

생각 : _____

행동 : _____

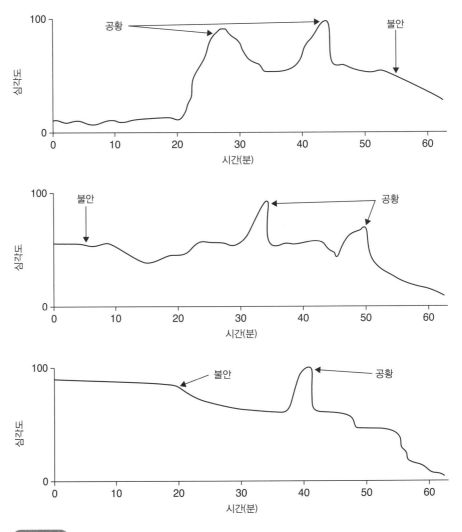

그림 2.1 공황과 불안의 경과

경험한 공포의 최고치도 표시하십시오. 공포 수준은 10점 척도를 사용하는데, 0＝없음, 5＝중간, 10＝극심한 공포입니다. 또한 공황 때 느꼈던 모든 증상, 앞으로 닥칠 일에 관한 생각 또는 걱정, 공황에 반응하여 했던 행동 또는 했던 일을 기록해야 합니다.

공황 기록 작성을 하루 일과가 모두 끝날 때까지 미루지 마십시오. 기록지 작성을 미루면 기록의 가치를 잃게 됩니다. 공황을 겪으면 가능한 한 빨리 공황 기록을 작성하십시오. 물론 운전 중이거나 회의 중일 때 같은 일부 상황에서는 작성이 힘들겠지만, 가능한 한 빨리 작성하십시오.

정민 씨의 공황 기록(1)

날짜: _16일 월요일_   시작 시간: _오후 5:20_

촉발 요인: _집에 혼자 있을 때 호흡곤란을 느낌_

예상함: ___✓___   예상치 못함: _____

공포 최고치

0 — 1 — 2 — 3 — 4 — 5 — 6 — 7 — ⑧ — 9 — 10

없음　　　약함　　　　중간　　　　강함　　　극심함

느꼈던 모든 증상을 체크하십시오.

가슴 통증 또는 불편감	
땀 흘림	✓
심박수 증가/심계항진/가슴 두근거림	✓
메스꺼움/복부 불편감	
호흡곤란	✓
어지러움/불안정감/어찔함/기절할 것 같은 느낌	
몸이 떨림/흔들림	✓
오한/열감	
감각이 둔함/따끔거리는 느낌	
비현실감	✓
질식감	
죽음에 대한 공포	
통제력을 잃는 것/미치는 것에 대한 공포	✓

생각: _나는 미칠 것이다, 통제력을 잃을 것이다._

행동: _어머니께 전화를 걸었다._

정민 씨의 공황 기록(2)

날짜 : *19일 목요일*   시작 시간 : *오전 3:00*

촉발 요인 : *심장이 빠르게 뛰는 느낌 때문에 잠에서 깸*

예상함 : _____   예상치 못함 : ✓

공포 최고치

0 —— 1 —— 2 —— 3 —— 4 —— 5 —— 6 —— ⑦ —— 8 —— 9 —— 10

없음   약함   중간   강함   극심함

느꼈던 모든 증상을 체크하십시오.

가슴 통증 또는 불편감   _____

땀 흘림   ✓

심박수 증가/심계항진/가슴 두근거림   ✓

메스꺼움/복부 불편감   _____

호흡곤란   ✓

어지러움/불안정감/어찔함/기절할 것 같은 느낌   _____

몸이 떨림/흔들림   ✓

오한/열감   _____

감각이 둔함/따끔거리는 느낌   _____

비현실감   _____

질식감   _____

죽음에 대한 공포   ✓

통제력을 잃는 것/미치는 것에 대한 공포   _____

생각 : *나는 이제 죽는구나.*

행동 : *남편을 깨웠다.*

글상자 2.1과 2.2는 정민 씨가 작성한 공황 기록 예입니다. 정민 씨는 29세의 기혼 여성으로 자녀가 하나 있습니다. 정민 씨는 아이가 태어나고 몇 개월이 지난 후, 지금으로부터 1년 전부터 공황을 겪기 시작했습니다. 그때 이후로, 그녀는 집에 아이와 단 둘이 함께 있는 것을 두려워했으며, 남편이 직장에 출근한 후에는 친정집에서 자주 시간을 보냈습니다. 정민 씨의 첫 기록에 따르면, 이 공황이 16일 월요일 오후 5시 20분에 발생했음을 알 수 있습니다. 그녀는 남편이 직장에서 돌아오기를 기다리며 집에 혼자 있을 때 공황을 겪었습니다. 그녀는 집에 혼자 있었고 호흡곤란을 느꼈기 때문에 공황이 촉발되었다고 적었습니다. 이것은 예상된 공황이었습니다. 혼자 집에 있는 것은 그녀에게 스트레스 상황이었기 때문에 공황이 올 때 놀라지 않았습니다. 공포 최고치는 강한 수준인 8이었습니다. 공황 증상은 심박수 증가, 호흡곤란, 땀 흘림, 몸이 떨리거나 흔들림, 비현실감, 통제력을 잃거나 미치는 것에 대한 공포 등이었습니다. 그녀의 생각은 "통제력을 잃을 것이다." 또는 "미칠 것이다."였으며, 행동은 어머니께 전화를 거는 것이었습니다.

정민 씨의 두 번째 공황 기록에 따르면 그녀는 19일 목요일 오전 3시에 공황을 겪었습니다. 그녀는 공황 때문에 잠에서 깼습니다. 사실 정민 씨가 잠에서 깬 것은 심장이 빠르게 뛰는 느낌 때문이었으며, 공황 기록에도 이것을 촉발 요인으로 적었습니다. 이것은 예상치 못한 공황이었습니다. 그녀는 깜짝 놀랐으며, 공포 최고치는 7이었습니다. 그녀가 경험한 증상은 심박수 증가, 호흡곤란, 땀 흘림, 떨림, 죽음에 대한 공포였습니다. 그녀의 자신이 죽을 것이라고 생각했고, 남편을 깨우는 행동을 했습니다.

불안 및 기타 기분

매일 하루가 끝날 때 일일 기분 기록(기록지 2.2)을 작성하여 하루 동안의 전반적인 기분 상태를 계속 기록할 수 있습니다. 이 책에서 기록지를 복사하여 사용할 수 있습니다. 10점 척도를 사용하여 매일 불안, 우울(얼마나 슬픈지, 우울한지, 무기력한지), 공황에 대한 걱정(공황에 대한 생각을 얼마나 많이 하는지 또는 공황이 일어날까 봐 얼마나 두려운지) 정도를 평가하십시오.

불안, 우울, 공황에 대한 걱정 모두 0＝없음, 5＝중간, 10＝극심함을 기준

하루가 끝날 때 아래의 0~10점 척도를 사용하여 각 열의 점수를 매기십시오.

0 ── 1 ── 2 ── 3 ── 4 ── 5 ── 6 ── 7 ── 8 ── 9 ── 10

없음　　　　　약함　　　　　　중간　　　　　강함　　　　　극심함

날짜	불안 평균	우울 평균	공황에 대한 걱정 평균

으로 평가합니다. 이 점수는 당신이 하루 중 느낀 기분의 평균입니다. 즉 하루 중 기분이 좋았던 순간과 나빴던 순간을 모두 고려할 때 당신이 느낀 불안, 우울, 공황에 대한 걱정 평균치는 얼마였습니까?

　정민 씨의 일일 기분 기록(글상자 2.3)은 일주일 동안 그녀의 불안, 우울, 공황에 대한 걱정 패턴이 바뀌었음을 보여 줍니다. 16일과 17일에 정민 씨

글상자 2.3 **정민 씨의 일일 기분 기록**

하루가 끝날 때 아래의 0~10점 척도를 사용하여 각 열의 점수를 매기십시오.

0 —— 1 —— 2 —— 3 —— 4 —— 5 —— 6 —— 7 —— 8 —— 9 —— 10

없음　　　　　약함　　　　　　중간　　　　　　강함　　　　　극심함

날짜	불안 평균	우울 평균	공황에 대한 걱정 평균
16일 월요일	7	5	7
17일 화요일	5	4	5
18일 수요일	4	4	5
19일 목요일	4	3	4
20일 금요일	4	4	5
21일 토요일	2	1	1
22일 일요일	2	2	2

매주마다 경험한 공황 횟수와 불안 평균 수준을 표시합니다.

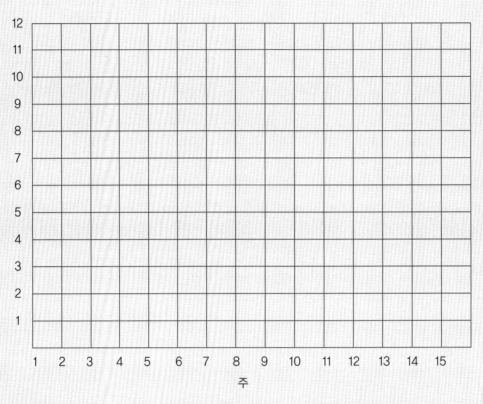

● 주당 공황 횟수

○ 주당 불안 평균

는 공황에 대해 매우 걱정했는데, 이 이틀은 그녀가 남편과 함께 주말을 보낸 직후입니다. 그녀는 다른 날에 비해 이 이틀 동안 전반적으로 더 불안하고 우울했습니다. 대조적으로 21일과 22일(주말)에는 남편이 하루 종일 같이 있었기 때문에 불안과 우울이 덜했고, 공황에 대한 걱정도 줄었습니다.

몇 주에 걸쳐 일일 기분 기록을 작성하면 어떤 추세가 확인되는 경우가 많습니다. 한 가지 예는 공황의 빈도와 관련하여 기분이 변동하는 방식입니다. 이런 정보는 효과적인 치료에 중요한 역할을 할 것입니다.

경과 기록

기록지 2.3 '경과 기록'은 당신의 진전을 나타내는 도표로서, 주당 공황 횟수와 주당 불안 평균 수준으로 나뉩니다. 매주마다 당신이 경험한 공황 횟수와 불안 평균 수준을 표시합니다. 물론 원한다면 공황에 대한 걱정이나 우울감의 정도 같은 다른 영역의 진전도 기록할 수 있습니다. 경과 기록은 당신의 진전을 객관적으로 파악하게 해 줄 것입니다. 경과 기록을 욕실 거울이나 컴퓨터, 냉장고같이 잘 보이는 곳에 붙여 놓는 것이 좋습니다. 이 책에서 양식을 복사하여 사용할 수 있습니다.

요약

기록의 중요성은 아무리 강조해도 지나치지 않습니다. 이 프로그램에서 최대의 효과를 얻기 위해서는 매일 기록해야 합니다. 처음에는 의식적으로 기록해야 할 수 있지만, 시간이 지날수록 점점 쉬워지고 보람도 느낄 것입니다. 기록은 스스로에게 피드백을 주며 치료자에게도 유용한 정보를 제공합니다. 이러한 기록은 프로그램의 나머지 부분에서 매우 유용할 것이므로 노력할 가치가 있습니다.

과제

✎ 최소한 일주일 동안 공황 기록, 일일 기분 기록, 경과 기록을 사용하여 당신의 공황과 일일 기분 수준을 기록하십시오.

✎ 일주일 동안 제3장과 제4장을 읽으십시오.

자가평가

다음 질문에 '예' 또는 '아니요'로 답하십시오. 정답은 부록에 수록되어 있습니다.

1. 기록은 모호한 일반론이나 기억에 의지하려는 시도에 비해 공포와 불안을 더 정확하게 묘사하기 때문에 꾸준히 기록하는 것이 중요하다.	예	아니요
2. 불안과 공황에 대한 객관적이고 사실적인 기록은 불안과 공황을 더 유발할 것이다.	예	아니요
3. 공황은 하루가 끝날 때 기록하는 것이 가장 좋다.	예	아니요
4. 기록은 공황을 유발한 상태와 촉발 요인을 찾는 데 도움이 된다.	예	아니요
5. 불안 및 기타 기분은 하루가 끝날 때 기록한다.	예	아니요

공황과 광장공포증의 부정적 주기

목표

- 불안과 공황의 목적에 대해 배운다.
- 불안과 공황의 요소에 대해 배운다.
- 자신의 생각과 행동과 신체 증상을 찾는다.
- 공황과 광장공포증으로 이어질 수 있는 부정적 주기를 이해한다.
- 이 치료가 공황과 광장공포증 주기를 어떻게 차단하는지 이해한다.

불안과 공황의 목적

불안과 공황은 누구나 경험하는 자연스러운 감정 상태로서, 인간으로 살아가는 경험의 일부입니다. 불안은 안 좋은 일이 생기거나 위협을 받을 수 있다는 생각이 들 때마다 보이는 반응입니다. 이런 위협에는 질병이나 사고 또는 죽음의 가능성 같은 신체적 위협, 당황하거나 거부당하거나 조롱당할 가능성 같은 사회적 위협, 미치거나 통제력을 잃거나 정신적 능력을 잃을 가능성 같은 정신적 위협 등이 포함될 수 있습니다. 이런 위협은 생명을 잃을 것 같은 중대한 것일 수도 있고 약속에 늦을 것 같은 사소한 것일 수도 있습니다. 불안은 이런 위협으로 인한 도전에 대비하는 방식입니다. 불안은 위협에 대비하고 우리를 보호하는 데 도움이 됩니다.

불안 그 자체는 나쁜 것이 아니며, 오히려 생산적인 원동력이 될 수 있습니다. 수년간의 연구에 따르면 약간의 불안은 수행을 향상시키는 것으로 나타났습니다. 즉 강의실이든 직장이든 상관없이 일정 수준의 불안이 있을 때 당신이 하는 일을 더 잘합니다. 구직 면접을 볼 때 전혀 불안하지 않다고 상상해 보십시오. 당신은 그 직장에 들어가기 위해 최선의 노력을 다하지 않을 것입니다. 일부 심리학자들은 불안을 '지능의 그림자(shadow of intelligence)'라고 합니다. 이는 불안이 우리가 직면할 수 있는 여러 어려움을 예상하고 대비하도록 동기를 부여하기 때문입니다. 그러나 불안은 가벼운 불안부터 극심한 고통까지 그 정도가 다양합니다. 극단적인 불안은 당신의 수행을 방해할 수 있습니다. 구직 면접에서 극심한 불안으로 집중을 하지 못하고 말을 더듬는 장면을 상상해 보십시오. 그림 3.1은 여키스-도슨 법칙(Yerkes-Dodson Law)이라고 하는 역U자형 곡선 표준 다이어그램으로, 적당한 불안은 학습과 수행에 도움이 되지만 지나친 불안은 오히려 학습과 수행을 방해할 수 있다는 개념을 보여 줍니다.

불안은 가끔씩 불안한 경우에서부터 지속적으로 불안해 보이는 경우까지 다양한 빈도로 나타날 수 있습니다. 불안이 매우 자주 발생하면 일상생활을 방해할 수 있습니다. 이 프로그램의 목표는 불필요하게 불안해지는 경향을 줄이고 불안의 강도를 낮춰 정상적인 기능을 할 수 있도록 돕는 것이며, 불안을 모두 제거하는 것이 아닙니다.

불안에 관한 이 논의는 공황장애와 어떤 관련이 있을까요? 공황장애의

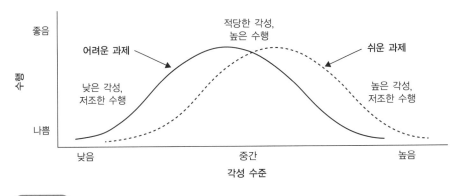

그림 3.1 여키스-도슨 법칙

경우, 공황의 '위협' 때문에 불안을 경험합니다. 다음 장에서 더 자세히 설명되지만, 공황을 위협으로 받아들이는 이유는 공황으로 인해 죽거나 통제력을 잃거나 정신이상이 될 수 있다는 믿음 때문입니다. 그러나 앞으로 보다시피 공황이 실제로 해롭지 않기 때문에 이런 믿음이 틀렸다는 것을 알게 될 것입니다.

불안과 공황의 구성 요소

공황과 불안 감정은 세 가지 주요 부분, 즉 신체 증상, 생각, 행동으로 구성됩니다.

- **신체 증상**은 빠른 심장박동, 호흡곤란, 복부 불편감, 설사, 땀 흘림, 떨림, 두통, 복통, 목멤, 잦은 소변, 시력장애(모두 공황과 더 연관이 있음), 피로, 안절부절못함, 근육 긴장, 머리의 압박감(불안과 더 관련이 있음) 등 다양합니다. 신체 증상은 급성으로 짧은 시간 동안 지속될 수도 있고(공황 증상), 몇 시간 또는 며칠간 계속될 수도 있습니다(일반적 불안 증상). 또한 급성 신체 증상은 공황마다 다르게 나타날 수 있습니다. 어떤 경우에는 호흡곤란 증상이 강하게 나타날 수 있고, 다른 경우에는 심장이 빠르게 뛰고 두근거리는 증상이 나타날 수도 있습니다.
- **생각**은 임박한 재앙이나 곧 벌어질 무서운 일에 관한 믿음 또는 자신에게 하는 말, 이미지 등입니다. 우리는 이것을 **부정적 사고**라고 합니다. 공황 때 드는 생각은 **급박한** 신체적 재앙(기절, 죽음, 심장마비, 뇌종양 등)이나 사회적 재앙(놀림, 비웃음 등), 정신적 재앙(정신이상, 통제력 상실 등)이 가장 흔합니다. 불안할 때 드는 생각은 실직이나 최악의 공황 같은 미래에 일어날 수 있는 나쁜 일들에 관한 것입니다.
- **행동**은 왔다 갔다 하거나 안절부절못하거나 불안과 공황이 예상되는 장소를 탈출하거나 회피하는 것 같은 시도들입니다. 탈출의 예는 불안하거나 공황이 올 것 같은 느낌이 들자마자 쇼핑몰을 벗어나는 것입니다. 회피의 예는 쇼핑몰 안에 있을 때 공황이 올까 봐 두렵기 때문에 들어가

지 않는 것입니다. 행동의 다른 예는 어떤 상황에서 탈출할 수 있는 비상구나 길을 확인하기, 기분이 나아지게 하는 물건(제1장에서 설명한 미신적 물건)에 의지하기, 병원 등에서 도움을 구하기 등입니다.

이 세 가지 요소는 불안할 때와 공황이 일어날 때 서로 다릅니다. 불안할 때 드는 생각은 일반적으로 미래와 관련이 있지만(예 : "우리 상사는 연말에 나에 대한 평가를 안 좋게 할 것 같아." 또는 "내일 모임에서 공황이 온다면 얼마나 끔찍할까."), 공황 때 드는 생각은 대개 당면한 상황에 관한 것입니다(예 : "지금 당장 기절하거나 죽을 거야." 또는 "나는 미쳐 가고 있어."). 또한 불안할 때 하는 행동은 어떤 상황을 피하거나 경계심을 더하는 것(예 : 길을 잘못 돌아가지 않도록 사전에 길을 완벽히 파악하는 것) 등이지만, 공황 때 하는 행동은 탈출이나 도움을 구하는 것 등입니다. 마지막으로 불안할 때 신체 증상은 대개 오래 지속되며 근육 긴장, 초조감, 피로감 등이 나타납니다. 그러나 공황의 신체 증상은 불안의 신체 증상보다 더 갑자기 나타났다가 더 빨리 줄어드는 경향이 있으며, 표 1.1에 나열된 심계항진, 호흡곤란 등이 포함됩니다.

당신의 신체 증상, 행동, 생각

당신이 공황을 겪고 있을 때 생각, 신체 증상, 행동에 대해 생각해 보십시오. 그리고 나서 전반적으로 불안할 때(예 : 다음에 공황이 올까 봐 걱정할 때) 당신의 생각, 신체 증상, 행동을 관찰해 보십시오.

정민 씨 사례를 떠올려 보십시오. 그녀가 공황을 겪을 때 가장 흔한 증상은 심장박동 증가, 호흡곤란, 비현실감, 감각이 둔함이었습니다. 그녀의 가장 흔한 생각은 통제력을 잃거나 미치거나 죽는 것이었습니다. 가장 흔한 행동은 남편이나 어머니를 찾는 것이었습니다. 대조적으로, 다음에 다시 공황이 올까 봐 걱정할 때는 걱정하는 것에 따라 생각이 변했습니다. 이때 그녀의 가장 흔한 증상은 복부 불편감, 근육 긴장, 피로감이었으며, 가장 흔한 행동은 손톱을 깨무는 것과 남편에게 모든 것이 괜찮아질 거라는 확신을 구하는

신체 증상

1. _____

2. _____

3. _____

생각

1.	

2.	

3.	

행동

1.	

2.	

3.	

기록지 3.2 불안의 세 가지 요소

신체 증상

1. _____

2. _____

3. _____

생각

1.	

2.	

3.	

행동

1.	

2.	

3.	

것이었습니다.

기록지 3.1 '공황의 세 가지 요소'와 기록지 3.2 '불안의 세 가지 요소'에 각각 공황과 불안을 겪을 때 주로 무슨 생각이 드는지, 어떤 신체 증상을 느끼는지, 무슨 행동을 하는지 기록하십시오. 이들 기록지는 복사하여 사용할 수 있습니다.

공황 주기

신체 증상, 생각, 행동은 서로 영향을 미쳐 **부정적 주기**를 형성합니다. 이들 세 가지 요소는 서로를 가속시키는 경향이 있습니다. 예를 들면, 부정적 사고는 직접적으로 신체 증상을 증가시킬 수 있습니다. 만약 곧 위험한 일이 닥칠 것 같다고 생각한다면(예 : "심장마비가 올 것 같아.") 신체적 긴장이 증가하게 될 것입니다. 위험에 직면하면 우리 몸은 더 많은 아드레날린을 분비하여 더 빠른 속도로 반응하기 때문입니다. 이어서 심박수 증가 같은 신체 증상은 더욱 부정적인 생각을 유발할 수 있습니다. 긴장에 따른 정상적인 신체 증상을 위험하다고 믿는다면 더욱 그럴 것입니다(예 : "내 심박수가 느려지지 않았다는 사실은 분명히 무언가 크게 잘못되었다는 뜻일 거야."). 안절부절못함, 서성거림, 상황을 벗어남 등의 행동도 신체적 노력을 동반하기 때문에 긴장 수준을 더 높일 수 있습니다.

좀 더 구체적으로, 심박수 증가가 심장질환의 징후라는 생각은 두려움을 일으키고 심장박동을 더 **빠르게** 할 것입니다. 결과적으로, 심장박동이 빨라지면 무언가 심장에 심각한 문제가 있다는 강한 믿음을 갖게 됩니다. 또한 의료적 도움을 받으려는 시도로도 이어질 수 있습니다. 이런 부정적 사고와 행동은 심박수 증가를 다시 연장시킬 수 있습니다. 다시 말해서, 부정적 사고는 공포를 유발하며, 공포는 더 많은 신체 증상과 도피 행동으로 이어져 부정적 사고가 더 심해집니다. 그림 3.2에 설명된 이 주기의 결과는 극심한 공포 또는 공황입니다. 이것을 **공황 주기**라고 합니다. 또 다른 예는, 호흡곤란은 곧 질식한다는 의미라는 생각입니다. 그 생각은 더 많은 신체적 긴장과 호흡곤란 증상을 유발할 뿐 아니라 더 깊게 숨 쉬게 하기 때문에 호흡곤란을

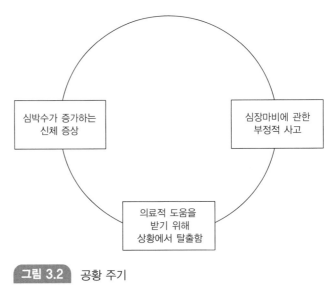

그림 3.2 공황 주기

더 유발할 수 있습니다(이유는 뒤에서 설명됨).

반면, 심장박동이 빨라지는 것은 해롭지 않으며 걱정할 필요가 없다는 생각은 이 부정적 주기를 차단하여 공황이 발생하지 않습니다. 이것은 그림 3.3에 설명됩니다. 마찬가지로, 호흡곤란이 곧 질식한다는 신호가 아니라는 것을 깨달으면 공황의 가능성이 줄어들 것입니다.

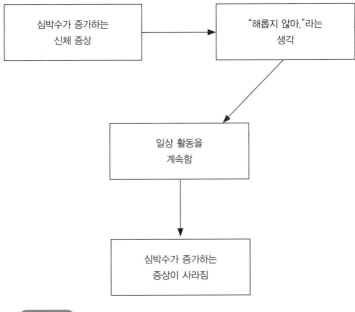

그림 3.3 공황 주기 차단

최근에 겪은 공황과 신체 증상, 부정적 사고, 행동을 떠올리고, 각 요소가 서로 영향을 주고받은 방식에 대해 생각해 보십시오. 가장 처음 발생한 것은 무엇이었습니까? 신체 증상이었습니까, 아니면 생각이었습니까? 그다음 일어난 일은 무엇이었습니까? 신체 증상이 증가했습니까? 이로 인해 무슨 생각을 하게 되었습니까? 그리고 어떻게 행동했습니까? 당신의 반응이 신체 증상에 어떻게 영향을 미쳤습니까? 다음 단락은 이런 단계적 분석의 예입니다.

사례 연구 : 공황의 단계적 분석

일어섰을 때 가장 먼저 느낀 것은 마치 머릿속이 빙빙 도는 듯한 이상한 느낌이었다[신체 증상]. 내 반응은 의자를 꼭 붙잡는 것이었다[행동]. 나는 무언가 잘못되었다고 생각했다[부정적 사고]. 나는 점점 더 나빠져서 쓰러지거나 졸도할 것이라고 생각했다[부정적 사고]. 그때쯤 나는 매우 긴장되었다. 어지러움이 점점 더 심해지면서[신체 증상], 이것은 지금까지 내가 겪어 본 어떤 경험과도 달랐기 때문에 정말 걱정스러워졌다. 나는 드디어 '올 것'이 왔다고 확신했다. 즉 나는 곧 쓰러질 것이고 아무도 나를 찾지 못할 것이라고 생각했다[부정적 사고]. 그때 아내에게 전화를 했고[행동] 그녀가 도착하기를 기다렸다[행동].

다음은 다른 사례입니다.

나는 TV 앞에 앉아서 응급실에 관한 드라마를 보고 있었다. 마침 그때 누군가가 심장마비로 죽어 가는 장면이 나왔다. 나는 가슴에 약간의 통증을 느꼈고[신체 증상], 동시에 무언가 잘못된 것이 아닌지 의심하기 시작했는데, 심장마비가 왔을 수도 있다고 생각했다[부정적 사고]. 심장이 두근거리고 빨리 뛰기 시작했다[신체 증상]. 나는 매우 긴장했고, 호흡이 빨라졌다[신체 증상]. 나는 맥박을 재고 주의를 분산시키기 위해 서성거리기 시작했다[행동]. 하지만 심장박동은 여전히 빨랐고 숨을 깊게 들이쉴 수 없을 것 같았다[신체 증상]. 나는 금방이라도 쓰러질 것이라고 확신했다[부정적 사고]. 119에 전화하려고 생각했지만 전화기 옆에 조금만 앉아 있기로 했다[행동]. 그러자

기록지 3.3 **공황의 단계적 분석**

공황이 처음 시작되었을 때 어디에 있었으며 무슨 일이 있었습니까?

신체 증상, 부정적 사고, 행동 중 어떤 것이 먼저 일어났습니까?

그다음에 무엇이 나타났습니까? 첫 신체 증상 또는 부정적 사고에 대해 어떻게 반응했습니까? 또 다른 신체 증상이나 부정적 사고가 있었습니까? 아니면 도움을 구하거나 드러눕거나 상황에서 벗어나는 것 같은 시도를 했습니까?

그다음에 무엇이 나타났습니까? 신체 증상이 더 악화되었습니까? 안 좋은 일이 일어날까 봐 더 무서워졌습니까?

그다음은 무엇이었습니까?

어떻게 끝났습니까?

글상자 3.1 **공황의 단계적 분석 예**

공황이 처음 시작되었을 때 어디에 있었으며 무슨 일이 있었습니까?

집에서 TV를 보면서 쉬고 있었다.

응급실 드라마에서 누군가 심장마비로 죽는 장면이 나왔다.

신체 증상, 부정적 사고, 행동 중 어떤 것이 먼저 일어났습니까?

가슴에 약간의 통증을 느꼈다.

그다음에 무엇이 나타났습니까? 첫 신체 증상 또는 부정적 사고에 대해 어떻게 반응했습니까? 또 다른 신체 증상이나 부정적 사고가 있었습니까? 아니면 도움을 구하거나 드러눕거나 상황에서 벗어나는 것 같은 시도를 했습니까?

심장에 이상이 생겼을까 봐 두려웠다.

심장마비가 왔을 수도 있다고 생각했다.

서성거리기 시작했다.

그다음에 무엇이 나타났습니까? 신체 증상이 더 악화되었습니까? 안 좋은 일이 일어날까 봐 더 무서워졌습니까?

심장박동이 빨라졌고 숨을 깊게 들이쉴 수 없을 것 같았다.

곧방이라도 쓰러질 것이라고 확신했다.

그다음은 무엇이었습니까?

기운이 나빠졌다. 기운이 없고 어지러움을 느꼈다. 심장박동이 계속 빨랐다.

땀이 나고 속이 안 좋았다. 죽어 가고 있다고 생각했다.

119에 전화하려고 생각했지만 전화기 옆에 조금만 앉아 있기로 했다.

어떻게 끝났습니까?

매우 힘들었지만 점차 기분이 진정되었고, 한 시간 정도 지나고 나서 공황이 끝났다.

마침내 그런 느낌이 사라졌다.

기록지 3.3 '공황의 단계적 분석'을 이용하여 당신이 최근에 겪은 공황을 이해해 보십시오. 이 기록지는 복사하여 사용할 수 있습니다.

부정적 사고로부터 신체 증상, 행동 그리고 더 많은 부정적 사고와 신체 증상이 반복되는 이 주기를 이해하면 공황의 원인에 대해 잘 알게 될 것입니다. 또한 이 기록지를 계속 작성하면 신체 증상에 대한 생각과 반응을 변화시키는 것이 공황 주기를 차단하는 방법이라는 사실을 이해하는 데 도움이 될 것입니다.

광장공포증 주기

만약 당신이 신체 증상에 대해 불안하다면, 탈출하기 힘들거나 도움을 받을 수 없는 상황에 처할 때 그런 증상에 특히 더 주의를 기울일 가능성이 높습니다. 예를 들면, 당신은 낯선 도로를 운전할 때 어지러움을 특히 더 조심할 수 있습니다. 만약 그 상황에서 그 증상이 두려워진다면, 당신은 공황 상태에 빠지거나 탈출구를 찾으려고 할 것입니다. 그 상황을 벗어나면 일시적으로 안도감을 느낄 수 있겠지만, 다음에 그 상황에 진입할 때 더 큰 불안을 느낄 수 있으며, 앞으로 그런 상황을 접할 가능성이 적다고 느낄 수도 있을 것입니다. 즉 당신은 그 상황을 벗어남으로써 신체 증상을 겪더라도 그 상황에 계속 머무르는 것이 안전하다는 사실을 배우지 못했습니다. 따라서 그 상황에 대한 공포가 강화되었습니다. 그림 3.4는 이 연속적인 사건의 순서를 보여 줍니다.

공황 및 광장공포증 주기 차단

이 프로그램에서는 공황과 광장공포증 주기를 차단하는 방법을 배웁니다. 이 프로그램은 신체 증상에 대해 다르게 생각하고 다르게 행동하는 몇 가지 전략으로 구성되며, 신체 증상으로 인해 더 이상 공황에 빠지지 않는 방법과

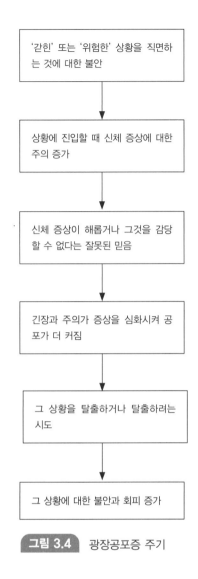

'갇힌' 또는 '위험한' 상황을 직면하는 것에 대한 불안

↓

상황에 진입할 때 신체 증상에 대한 주의 증가

↓

신체 증상이 해롭거나 그것을 감당할 수 없다는 잘못된 믿음

↓

긴장과 주의가 증상을 심화시켜 공포가 더 커짐

↓

그 상황을 탈출하거나 탈출하려는 시도

↓

그 상황에 대한 불안과 회피 증가

그림 3.4 광장공포증 주기

신체 증상 또는 신체 증상이 생길 것 같은 상황을 더 이상 회피하지 않는 방법을 가르칩니다.

당신은 두 가지 대처기술을 배울 것입니다.

■ 첫 번째 전략은 호흡법으로, 제6장에 소개될 것입니다. 호흡법은 호흡을 조절하는 기술로서, 하고 있는 활동을 계속하면서 공포를 회피하지 않고 직면할 수 있는 수단을 제공하여 공황 및 광장공포증 주기를 차단하도록 고안되었습니다.

■ 두 번째 대처기술은 부정적 사고에 관한 것으로, 제7장에 소개될 것입니다. 부정적 사고가 무엇인지 정확하게 찾을 수 있게 되면, 그것을 진실이 아니라 추측으로 취급하는 법을 배울 것입니다. 최악의 결과를 추측하기보다 증거에 기반한 새로운 사고방식을 개발할 것입니다.

당신은 호흡곤란, 어지러움, 심계항진 같은 불안을 유발하는 신체 증상을 직면하고 대처하는 데 이 두 가지 대처기술을 사용할 것입니다. 그런 증상을 덜 두려워하는 법을 배우고 그것이 해롭지 않다는 사실을 깨달을 것입니다. 또한 공황이 일어날까 봐 회피하는 상황(광장공포증)에 대처하는 데도 이 두 가지 대처기술을 사용할 것입니다. 그런 상황을 덜 두려워하는 법을 배우고 그것이 해롭지 않다는 사실을 알게 될 것입니다. 그리고 나서 광장공포증 상황에서 신체 증상이 발생할 때 어떻게 대처하는지 배울 것입니다. 이 치료에서 배우는 모든 내용은 자연스럽게 사용할 수 있을 때까지 반복해서 연습해야 합니다.

과제

✎ 일주일 동안 공황 기록과 일일 기분 기록에 당신의 불안과 공황을 계속 기록하십시오.

✎ 일주일 동안 제4장과 제11장의 제1절을 읽으십시오.

자가평가

다음 질문에 '예' 또는 '아니요'로 답하십시오. 정답은 부록에 수록되어 있습니다.

1. 불안과 공황은 세 가지 주요 부분, 즉 신체 증상, 부정적 사고, 행동으로 구성되어 있다.	예	아니요
2. 절대로 불안을 느끼지 말아야 한다.	예	아니요
3. 생각은 신체적인 느낌에 전혀 영향이 없다.	예	아니요
4. 공황은 아무런 이유 없이 닥친다.	예	아니요
5. 일반적으로 불안은 미래의 위험을 예상할 때 발생하는 반면, 공황은 즉각적인 위험에 반응한 돌발적인 공포이다.	예	아니요
6. 이 워크북에서 설명하는 치료 프로그램은 긍정적 사고, 명상, 이완 등으로 구성된다.	예	아니요
7. 광장공포증 상황에 대한 회피는 장기적으로 부정적 영향을 미치지 않는다.	예	아니요

공황은 해롭지 않다

- 공황의 신체 증상이 나타나는 원인에 대해 알아본다.
- 공황의 신체 증상이 해롭지 않다는 것을 배운다.
- 공황이 왜 '느닷없이' 나타나는 것 같은지를 이해한다.

공황의 신체 증상과 적자생존

부정적 사고는 공황을 유발하고, 부정적 사고는 신체 증상이 해롭다는 믿음과 자주 관련이 있기 때문에 공황의 신체 증상을 정확하게 이해하는 것이 중요합니다. 이 정보는 공황의 신체 증상이 해롭지 않다는 것을 이해하는 데도움이 될 것입니다.

과학적으로는 즉각적 또는 단기 공포(즉 공황)를 투쟁-도피 반응이라고합니다. 이 반응의 효과는 위험으로부터 도망치거나, 실패하면 생존을 위해싸우는 데 맞춰져 있습니다. 공황의 제일 중요한 목적은 위험으로부터 우리를 보호하는 것입니다. 우리 조상들이 동굴에 살던 시절에는 위험을 마주치면 자동화된 반응을 일으켜서 즉각적인 행동(공격 또는 도망)을 취하게 하는 것이 매우 중요했습니다. 오늘날과 같이 바쁘고 정신없는 시대에도 이 반응은 여전히 유효합니다. 도로를 건널 때 어떤 차가 경적을 울리며 당신을 향해 돌진하는 상상을 해 보십시오. 당신이 만약 전혀 공포를 느끼지 않는다면, 틀림없이 죽게 될 것입니다. 그러나 실제로는 투쟁-도피 반응이 일어나서 차를 피할 것입니다. 공황의 목적은 우리를 보호하는 것이지 우리에게 해를 끼치는 것이 아닙니다. 이것은 생존 기전이며, 다음과 같은 신체적 변화를 동반합니다.

신경계 및 화학적 작용

위험이 감지되면, 뇌는 자율신경계로 불리는 신경 구획으로 신호를 보냅니다. 자율신경계는 교감신경계와 부교감신경계라고 하는 두 하위계층 또는 가지로 구성됩니다. 자율신경계의 이 두 가지는 신체의 에너지 수준과 행동 준비를 통제하는 데 직접 관여합니다. 교감신경계는 투쟁-도피 시스템으로서 에너지를 분출하고 신체가 행동(투쟁 또는 도피)을 할 수 있도록 준비하게 합니다. 부교감신경계는 회복 시스템으로서 신체를 정상 상태로 되돌립니다. 대부분의 공황 증상은 교감신경계의 활성화로 인해 유발되는 것으로 생각됩니다.

교감신경계는 양자택일적 시스템입니다. 교감신경계가 활성화되면 신체의 모든 부분이 반응합니다. 이것은 대부분의 공황이 한두 가지 증상이 아니라 많은 신체 증상을 동반하는 이유일 수 있습니다. 또한 교감신경계는 위험이 다가오면 즉각 반응합니다(예 : 고속도로에서 다른 차가 당신을 들이받으려 할 때 경험하는 급박함을 생각해 보십시오). 이 때문에 공황의 여러 신체 증상이 즉각적으로 수 초 안에 발생할 수 있습니다.

교감신경계는 신장에 붙어 있는 부신에서 아드레날린과 노르아드레날린이라는 두 가지 화학물질을 분비합니다. 이 두 화학물질은 교감신경계 활동을 지속시키기 위한 정보전달물질로 사용되므로 일단 활동이 시작되면 한동안 지속되고 증가하는 경우가 많습니다. 한편 교감신경계 활동은 두 가지 방법으로 중단됩니다.

- 첫째, 화학적 정보전달물질인 아드레날린과 노르아드레날린은 결국 우리 몸의 다른 화학물질들에 의해 파괴됩니다.

■ 둘째, 부교감신경계(일반적으로 교감신경계와 반대 작용)가 활성화되면서 정상 상태를 회복합니다. 즉 우리 몸이 '충분히' 투쟁-도피 반응을 일으키고 나면, 최종적으로 부교감신경계가 활성화되면서 정상 상태를 회복하게 됩니다. 다시 말해, 공황은 영원히 지속될 수 없고, 점점 더 심해져서 해를 끼치는 수준까지 확산될 수도 없습니다. 부교감신경계는 교감신경계의 지나친 '흥분'을 막습니다.

아드레날린과 노르아드레날린이 완전히 파괴되는 데는 얼마간의 시간이 걸립니다. 교감신경계가 반응을 멈춘 후에도 이 화학물질들이 체내에 잔류하고 있기 때문에 한동안 '긴장감' 또는 '초조감'을 느낄 수 있습니다. 이 흥분 연장 현상은 전적으로 정상이며 해롭지 않습니다. 사실 여기에는 목적이 있습니다. 야생에서는 위험이 자주 되돌아오는 습성이 있습니다. 그러므로 '긴장된' 상태를 유지하는 것이 위험이 되돌아올 때 투쟁-도피 반응을 신속히 재활성화시키는 데 도움이 됩니다.

투쟁-도피 체계의 모든 신체적 작용은 우리가 대항하거나 도망치도록 준비시키는 데 목적이 있습니다. 즉 우리를 보호하기 위한 것입니다. 투쟁-도피 체계는 심장, 혈류, 호흡, 발한, 동공, 근육, 소화기계 등에 작용합니다.

심혈관계 작용

교감신경계가 활성화되면 심박수가 빨라지고 심장박동이 강해집니다. 이것은 혈류를 빠르게 하여 조직에 대한 산소 공급과 노폐물 제거를 개선시키므로 행동(투쟁 또는 도피)을 준비하는 데 필수적입니다. 산소는 투쟁 또는 도피에 필요한 근육 조직의 에너지원으로 작용합니다. 심한 불안이나 공황 때 심장이 빨리 뛰거나 두근거리는 경험을 하는 이유는 이것 때문입니다.

또한 혈류의 변화도 있습니다. 기본적으로, 교감신경계가 활성화되면 혈액은 필요하지 않은 조직에는 공급을 줄이고(혈관 수축), 더 필요한 조직에는 공급을 늘립니다(혈관 확장). 예를 들면, 피부와 손가락, 발가락 같은 부위에는 혈액 공급이 줄어듭니다. 이것은 유용한 작용입니다. 우리 조상들이 동굴에서 살던 시대를 생각해 보면, 팔과 다리, 손가락, 발가락 등은 공격이나 부상을 당할 가능성이 가장 높은 부위이기 때문입니다. 혈류량이 줄어든다는 것은 출혈로 인한 사망 가능성이 적다는 것을 의미합니다. 그 결과 피부가 창백해 보이고 특히 손이나 발 주변이 차갑게 느껴집니다. 반면에 싸우거나 도망치는 데 많은 산소를 필요로 하는 허벅지나 심장, 팔 같은 큰 근육에는 혈액 공급이 늘어납니다. 이 대근육들은 달리거나 싸우는 데 가장 중요합니다.

종합하면, 이런 여러 신체적 변화로 인해 심장이 빨리 뛰거나 두근거리고, 피부 특히 손가락이나 발가락 부위는 창백하고 차가워지며, 때때로 손, 발에 기운이 빠지는 느낌이 들기도 합니다. 심지어 따뜻한 날에도 한기를 느낄 수 있습니다. 이런 현상은 두렵거나 불안한 상태에서는 정상적인 신체감각입니다. 이것은 우리 몸이 어떤 행동을 취할 준비를 하고 있다는 신호입니다.

어떤 사람들은 한기보다는 열감을 느끼기도 합니다. 열감은 갑작스럽게 공황이 밀려올 때 더 자주 나타날 가능성이 높으며, 교감신경계의 활성화가 시작되면서 혈류의 변화가 일어나기 전에 발생하는 현상입니다. 오한은 혈관 수축으로 혈류가 억제될 때 나타나며, 불안이 서서히 진행되거나 오래 지속될 때 잘 나타납니다.

호흡기계 작용

또 다른 작용은 호흡이 더 빠르고 깊어지는 것인데, 이는 우리 몸이 싸우거나 도망치기 위해 더 많은 산소를 필요로 하기 때문입니다. 때로는 호흡이 균형을 잃게 될 수 있는데, 이는 해롭지는 않지만 호흡곤란이나 질식감, 가슴의 통증이나 압박감 같은 불쾌한 증상을 유발할 수 있습니다. 또한 머리에 공급되는 혈액이 줄어들 수도 있습니다. 이것은 혈액의 감소량이 적으며 전혀 위험하지 않지만, 어지러움, 시야 흐림, 혼란감, 비현실감(또는 꿈꾸는 것 같은 느낌), 홍조 등의 불쾌한(그러나 해롭지 않은) 증상을 유발합니다. 이런 신체 증상은 불편할 수 있지만 전혀 위험하지 않으며 심각한 이상이 있다는 신호가 아닙니다.

땀샘 작용

투쟁-도피 반응은 땀 분비를 증가시킵니다. 땀은 과열을 방지하기 위해 몸을 냉각시키며, 열로 인해 탈진하지 않고 계속 위험에 대항하거나 도망칠 수 있게 해 줍니다. 땀 분비는 불안과 공황에 동반되는 흔한 증상입니다.

기타 신체적 작용

또한 투쟁-도피 반응 때는 빛을 더 많이 받아들이기 위해 동공이 넓어집니다. 이것은 주변으로부터의 위험을 탐색하는 데 도움이 됩니다. 기억하세요, 공황과 불안은 위협을 인식할 때 나타나는 반응입니다. 만약 어떤 위협이나 위험이 예상되면 시야를 확장시켜 경계하고 찾는 것이 합리적입니다. 동공에서 일어나는 이런 변화는 동시에 시야 흐림이나 비문증, 눈부심 같은 증상도 유발할 수 있습니다.

또 다른 신체적 작용은 입 마름을 유발하는 침 분비 감소입니다. 실제로 소화에 쓰이는 에너지가 싸우거나 도망가는 데 필요한 근육에서 사용될 수 있도록 전체적인 소화기계 기능이 감소합니다. 이것은 종종 구역질이나 소화불량을 유발하며 때로는 설사를 일으키는데, 투쟁-도피 반응 중에 '몸을 무겁게' 할 수 있는 물질을 몸 밖으로 배출시키기 위한 작용입니다.

또한 여러 신체 부위의 근육군도 투쟁 또는 도피를 대비하기 위해 경직되어 긴장감을 유발합니다. 이 긴장은 때때로 뻐근함이나 통증, 전율과 떨림을 유발할 수 있습니다. 또 다른 흥미로운 작용은 뇌에서 천연 진통제를 분비하여 두려울 때 통증을 덜 느끼는 것입니다. 이 작용의 목적은 부상을 당하더라도 계속해서 위험에 대항하거나 도망치도록 하는 것입니다. 이것과 연관된 작용은 혈액응고물질과 임파구가 혈액에 분비되어 상처를 보호하고 손상된 조직을 보수하는 것입니다. 이와 함께 비장이 수축하면서 더 많은 적혈구가 배출되어 혈액 주변으로 더 많은 산소를 운반합니다. 그리고 간에 저장되어 있던 포도당이 분비되어 근육에서 더 많은 포도당을 에너지원으로 사용할 수 있습니다. 마지막으로, 투쟁-도피 반응은 전신을 전반적으로 활성화시키는데, 이 과정에 많은 에너지가 소모되기 때문에 지나고 나면 사람들은

표 4.1 공포의 생리

신체적 변화	목적	증상
심박수가 빨라지고 심장박동이 강해짐	산소 공급과 이산화탄소 제거 속도를 높임	심장박동이 빨라지고 두근거림
피부와 발가락, 손가락에 대한 혈액 공급이 줄어들고 대근육에 대한 혈액 공급이 늘어남	대근육이 투쟁-도피 반응에 사용할 에너지를 공급하며 부상 시 혈액 손실을 줄임	창백하고 차가운 피부(특히 손, 발 부위)
호흡이 빨라지고 깊어짐	근육에 투쟁-도피 반응 때 에너지로 사용되는 산소의 공급을 늘림	호흡이 빨라지며 증가된 산소가 소모되지 않으면서 어지러움, 어찔함, 숨 가쁨, 열감 또는 냉감, 땀 분비, 가슴 압박감, 시야 변화 등이 나타남
땀샘의 활동 증가	과열로 인한 탈진을 방지함	땀 흘림
동공 확장	위험을 살피기 위해 시야를 확대함	눈부심이 심해짐
소화기계의 에너지 감소	모든 에너지를 투쟁-도피 반응으로 돌림	입 마름, 구역질, 복통, 위경련, 설사
근육의 준비도 증가	투쟁-도피 반응을 준비함	근육 긴장, 근육 경련, 전율, 떨림
천연 진통제 분비	통증에 대한 민감도를 감소시켜 부상당하더라도 투쟁 또는 도피를 계속하게 함	통증에 대한 민감도 감소

대개 피로하고 지치며, '탈진'한 느낌을 받습니다.

　요약하자면, 공황과 불안의 신체 증상을 유발하는 신체 변화는 우리가 위험에서 벗어나거나 대항하도록 돕는 보호 작용입니다. 이들 신체 증상은 실제로 느껴지지만, 해롭지 않습니다. 흥미롭게도, 실제 신체 변화가 없이도 신체 증상이 느껴질 때가 있습니다. 예를 들면, 사람들은 때때로 자신의 심장박동이 실제로는 정상 속도임에도 빨리 뛰고 있는 것같이 느낄 때가 있으며, 피부 온도가 변하지 않았음에도 열감을 느낄 수 있습니다. 이것은 신체 감각에 대해 극도로 불안하게 집중하면 실제로는 존재하지 않더라도 신체적 이상이 있는 것처럼 인식할 수 있기 때문입니다. 그러나 앞에서 설명한 바와 같이, 극심한 공황은 실제 신체적 변화에 기반합니다. 표 4.1에 이러한 신체적 변화가 요약되었습니다.

신체 증상이 생각과 행동에 미치는 영향

응급 투쟁-도피 반응에서 교감신경계가 활성화되면 여러 신체 증상이 나타나며, 이것은 행동과 생각에 자연적으로 영향을 미치게 됩니다(불안과 공황은 신체 증상, 생각, 행동으로 구성되어 있습니다).

행동에 대한 영향

응급 투쟁-도피 반응은 우리 몸이 공격이나 도피를 준비하게 합니다. 그러므로 공황을 겪을 때 상황을 벗어나려는 강력한 욕구가 생기는 것은 당연한 현상입니다. 그러나 예배 중에 좌석 중간에 앉아 있거나 중요한 미팅 중일 때와 같이 그 상황을 벗어나기가 불가능한 경우도 있습니다. 두려움의 목적은 우리가 행동을 취하도록 동기를 부여하는 것입니다. 이 행동이 차단당하면 탈출에 대한 욕구가 더욱 강해지거나, 발을 동동거리거나 서성거리거나 짜증을 부리는 행동으로 나타날 수도 있습니다.

생각에 대한 영향

응급 투쟁-도피 반응이 생각에 미치는 가장 중요한 영향은 위험이 일어날 가능성을 경계하게 하는 것입니다. 그래서 투쟁-도피 반응이 일어나면 우리는 즉시 잠재적 위협을 찾는 데 주의를 기울입니다. 즉 일상적인 일에 집중하던 것을 멈추고 위험을 감지하기 위해 주위를 살피게 됩니다.

두려워할 이유가 없는데, 왜 공황이 오는가?

우리가 공격을 받거나, 엘리베이터에 갇히거나, 기타 큰 스트레스를 겪을 때 투쟁-도피 반응이 일어나는 것은 이해할 수 있습니다. 그러나 무서워할 것이 없는 곳에서 뚜렷한 위험이 없을 때 왜 투쟁-도피 반응이 나타나는 것일까요? 기억하십시오, 공황은 본질적으로 공포에 대한 정상적인 신체 반응입니다. 다만 부적절할 때, 즉 두려워해야 할 실제적인 원인이 없을 때 나타날 수 있다는 것이 비정상입니다.

공황을 겪는 사람들은 공포에 동반되는 신체 증상을 두려워하는 것으로 보입니다. 그래서 공황은 '공포에 대한 불안'을 나타냅니다. 공황은 전형적인 연쇄 반응으로서, 먼저 예기치 못한 신체 증상을 경험하고(설명할 수 있는 현실적인 위험이 없을 때), 그런 다음 신체 증상이 불안과 공포를 불러일으킵니다.

예기치 못한 신체 증상이 나타나는 이유

애초에 당신은 왜 신체 증상을 겪을까요? 신체 증상을 겪는 데는 많은 이유가 있습니다. 그중 하나는 스트레스입니다. 업무 부담이나 수많은 약속, 인간관계 등으로 인한 스트레스는 아드레날린을 포함한 스트레스 관련 화학물질의 분비를 증가시킵니다. 이것은 우리의 신체가 스트레스에 대한 경계를 늦추지 않으면서 대응을 준비하는 방식입니다. 그러나 이런 스트레스 작용은 여러 가지 신체 증상을 유발합니다.

두 번째 이유는 또 다른 공황을 겪는 것에 대한 불안입니다. 무엇인가에 대한 불안한 예상은 신체적 긴장 수준을 높이며 스트레스에 동반되는 신체 증상을 더 많이 유발합니다. 또한 불안은 우리가 불안해하는 대상에 대해 주의를 집중하게 합니다. 예를 들면, 따돌림을 예상하는 사람은 거절의 징후를 찾기 위해 사람들의 표정을 더 집중해서 살피게 됩니다. 공황에 대한 불안의 경우에는 신체 증상에 주의를 집중하게 됩니다. 자신의 몸에 평상시와 다른 신체 증상이 없는지 샅샅이 훑는다면, 다른 때 같으면 느끼지 못했을 신체 증상을 발견할 수도 있을 것입니다. 공황을 겪는 것에 대한 불안은 더 많은 공황 증상을 유발하고, 그런 증상에 더 많은 주의를 기울이게 합니다(눈덩이 효과). 결과적으로 공황에 대한 불안은 공황장애를 가진 사람들이 두려워하는 것들, 즉 신체 증상을 유발하여 더 많은 공황을 일으킵니다.

세 번째 이유는 누구에게나 정상적으로 여러 가지 신체 증상이 나타난다는 것입니다. 우리 몸은 계속 변화하며, 심박수나 피부 온도, 혈류 등은 하루 24시간 내내 크게 변동하기 때문입니다.

신체 증상에 대한 두려움의 영향

앞서 논의했듯이, 응급 투쟁-도피 반응이 일어나면 우리의 뇌는 위험 요인을 찾기 시작합니다. 때때로 명백한 위협이 발견되지 않을 수도 있는데, 대개 아무런 이유가 없어 보이는 공황의 경우가 그렇습니다. 그러나 우리의 뇌는 설명이 없으면 받아들이지 못하도록 만들어졌습니다. 마땅한 설명을 찾을 수 없을 때 우리는 원인을 자기 내부로 돌릴 수 있습니다. 즉 "내 공황을 설명할 수 있는 외부 요인이 없다면, 나에게 문제가 있는 것이 틀림없어."라고 믿게 됩니다. 그리고 나면 뇌는 "내가 죽어 가고 있어.", "통제력을 잃어 가고 있어.", "미쳐 가고 있어." 등의 설명을 만들어 냅니다. 지금까지 살펴본 바와 같이, 투쟁-도피 반응의 목적은 우리를 보호하는 것이지 우리에게 해를 끼치는 것이 아니기 때문에 이런 식의 생각은 전혀 사실이 아닙니다.

공황의 신체 증상에 대한 이런 식의 부정적 사고는 더 많은 신체 증상, 부정적 사고, 행동으로 이어지는 부정적 주기에 기여할 뿐입니다. 이것은 제3장에서 공황 주기로 설명되었습니다. 이런 부정적 사고는 투쟁-도피 반응을 강화하는데, 위험(죽거나 통제력을 잃거나 미칠 가능성)을 느끼면 우리 몸은 싸우거나 도망가려는 충동으로 반응하기 때문입니다. 이것은 위험이 실제가 아니라 일어날 것 같다는 인식에 근거하더라도 마찬가지입니다. 우리가 위험에 처해 있다고 생각하는 이상 우리의 몸은 그에 따라 반응할 것입니다. 그 결과, 두려워하는 바로 그것(신체 증상)이 더 심해집니다. 즉 어떤 신체 증상을 경험하고 나서 (위험하다는 판단 때문에) 그 신체 증상을 두려워하면, 결국 그 신체 증상이 더 심해집니다. 이 과정은 모든 신체적 활동을 가라앉히는 신체적 보상(부교감신경 활성화)이나 그 신체 증상을 더 이상 두려워할 필요가 없다는 깨달음에 의해 주기가 끝날 때까지 지속됩니다.

요약하자면, 신체 증상을 두려워하는 이유는 신체 증상이 임박한 죽음이나 정신이상, 통제력 상실, 당혹스러움 등의 신호라는 믿음 때문입니다. 결국 이런 믿음이 공포를 낳고 더 많은 신체 증상을 유발하며 불안과 공포를 더 키우게 됩니다.

느닷없는 공황

신체 증상에 대한 공포감을 여러 차례 경험하고 나면, 신체 증상에 대한 공포가 '자동적'으로 나타날 수 있습니다. 이 '자동성'은 인간의 대표적인 학습 능력입니다. 자전거나 운전을 배울 때를 생각해 보십시오. 처음에는 각 단계마다 집중하고 많은 연습을 해야 하지만, 차츰 자동화되면서 당신이 무엇을 하고 있는지 의식적으로 생각하지 않고도 자전거를 타거나 운전을 할 수 있게 됩니다. 그럼에도 불구하고, 당신의 자동적 사고는 여전히 운전법에 따른 행동을 인도합니다. 공황과 불안에 연관된 자동적 사고에도 동일한 현상이 일어납니다. 여러 차례 반복되면 부정적 사고가 자동화될 수 있으며, 당신이 무슨 생각을 하는지 인지하지 않게 됩니다. 그럼에도 불구하고 여전히 당신의 부정적 사고는 감정과 행동에 영향을 미칩니다. 자신의 생각을 인지하지 않기 때문에 공황과 불안이 '느닷없이' 오는 것처럼 느낄 수 있습니다. 즉 당신은 두려워하기만 할 뿐, 그 이유는 알지 못합니다.

또 다른 자동화 과정은 내부 감각 조건화(interoceptive conditioning)라고 합니다. 이 과정은 신체 증상과 관련된 이전의 부정적 경험으로 인해 그 신체 증상을 두려워하도록 학습되는 것을 의미합니다. 예를 들어, 다리에 근육 경련이 올 때마다 극심한 통증을 느꼈다고 상상해 보십시오. 얼마 지나지 않아 당신은 심하게 아플까 봐 다리에 근육 경련이 오는 것을 두려워하게 될 것입니다. 동일한 과정이 공황에서도 일어납니다. 이 경우에 근육 경련은 공황 때 심장이 빨리 뛰는 것 같은 신체 증상에 해당하며, 심한 통증은 죽거나 통제력을 잃거나 미치는 것이 틀림없다는 믿음 때문에 생긴 공포에 해당합니다. 심계항진에 죽음 또는 기타 재앙 가능성이 연결되고 나면, 공포가 조건화되기 때문에 심박수 변화로 자동적인 공포가 유발될 수 있습니다. 따라서 공황을 경험하기 전에는 정상적이고 아무렇지 않던 사소한 심박수 변화(예 : 계단을 올라갈 때)도 공포를 불러일으킬 수 있습니다. 사실 신체적 변화는 너무 미세해서 충분히 알아차리지 못할 수 있습니다. 그럼에도 불구하고 그런 신체적 변화가 두려움을 일으킬 수 있습니다. 이것이 당신이 공황을 느닷없이 겪는다고 느끼는 또 다른 이유입니다. 공황은 의식하지 않더라도 당신의 몸이 반응하도록 조건화된 미묘한 신체적 변화에 의해 촉발됩니다.

공황은 신체 증상이 위험하다는 판단이 자동적으로(또는 의식하지 않고) 떠오르거나 알아차리지 못할 정도의 미약한 신체감각에 공포가 조건화될 때 '느닷없이' 오는 것처럼 느껴집니다. 우리의 투쟁-도피 응급 반응체계는 즉 각적으로 반응하도록 만들어졌습니다. 위험은 때때로 매우 빠르게 닥칠 수 있기 때문에 이런 즉각적인 반응 능력이 없다면 우리는 생존할 수 없을 것입 니다. 여러 차례 공황을 겪으면 자동적 믿음과 조건화가 매우 빠르게 일어날 수 있고, 이로 인해 공황이 생각하거나 반응할 새도 없이 일어나는 것처럼 보입니다. 그러나 사실 우리의 공포는 항상 어떤 요인에 의해 촉발됩니다. 즉 즉 각적으로 드러나지 않더라도, 신체 증상이나 신체 증상에 대한 부정적 사고 는 항상 존재합니다.

이것은 이완된 상태에서 오는 공황과 깊게 잠들었을 때 발생하는 공황에 도 해당합니다(수면 공황). 이완 상태에서는 흔히 신체감각이 평상시와 다르 며, 때로는 떠다니는 느낌이나 최면 상태에 빠진 것 같은 느낌이 들기도 합 니다. 만약 평상시와 다른 신체감각을 두려워한다면, 이완 때 경험하는 신체 감각이 공황을 촉발할 수 있습니다. 공황장애를 겪는 사람의 절반 정도가 수 면 공황을 경험하며, 약 25% 정도는 수면 중에 반복적으로 공황을 경험하는 것으로 나타났습니다.

수면 공황이 어떻게 신체 증상에 의해 촉발되는지 궁금할 것입니다. 그 이 유는 첫째, 수면 중 신체 리듬이 변하는 것은 정상입니다. 예를 들어, 수면 중에는 시기에 따라서 심박수와 호흡수가 증가하거나 감소합니다. 둘째, 우 리는 수면 중이라도 의미 있는 사건이 일어나면 반응할 수 있는 능력이 있습 니다. 고속도로를 달리는 트럭 소리 같은 시끄러운 소음에는 잠을 깨지 않으 면서도 자신의 아기가 내는 아주 작은 소리에는 잠을 깨는 신생아의 어머니 를 생각해 보십시오. 전투 중인 병사들은 아군의 전투기 소리에는 잠을 깨지 않지만 적 전투기 소리에는 잠을 깨는 능력이 있습니다. 따라서 만약 어떤 신체적 변화가 누군가에게 의미가 있다면(즉 두렵다면), 수면 중에 정상적으 로 일어나는 신체적 변화가 낮에 발생하는 공황과 동일한 방식으로 공황을 일으킬 수 있다는 것을 이해할 수 있습니다. 이것은 잠이 얕아지는 시기에

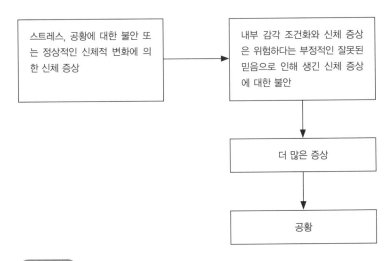

| 스트레스, 공황에 대한 불안 또는 정상적인 신체적 변화에 의한 신체 증상 | → | 내부 감각 조건화와 신체 증상은 위험하다는 부정적인 잘못된 믿음으로 인해 생긴 신체 증상에 대한 불안 |

더 많은 증상

공황

그림 4.1 공황의 단순화 모델

신체적 변화가 생기면 발생할 가능성이 특히 더 높습니다. 예컨대, 깊은 수면과 꿈을 꾸는 REM수면 때는 잘 깨지 않지만, 얕게 잠드는 2단계와 3단계 수면 중에는 잠을 깨기 쉬운데, 대부분의 수면 공황이 이 시기에 발생합니다. 이것은 일반적으로 잘못 알려진 개념인 꿈이나 악몽이 수면 공황을 유발하는 것이 아니라는 근거입니다. 그림 4.1은 공황의 단순화 모델입니다.

요약하면, 공황은 투쟁-도피 반응에 기초하는데, 투쟁-도피 반응의 주요 목적은 개체를 활성화시키고 위험으로부터 보호하는 것입니다. 위험이 실제이건 상상이건 누구나 위험에 직면하면 이 반응을 일으킬 수 있습니다. 이 반응에는 여러 가지 신체 증상과 행동 및 생각이 연관됩니다. 신체 증상이 명확히 설명되지 않을 때 사람들은 정상적인 응급 증상을 심각한 신체적 또는 정신적 질환의 신호로 잘못 해석할 수 있습니다. 이 경우, 신체 증상 자체가 위협이 될 수 있고, 투쟁-도피 반응을 촉발할 수 있습니다.

공황 증상에 대한 일반적인 오해

앞서 언급했듯이, 신체 증상이 뚜렷한 이유 없이 나타나면 사람들은 자기 내부에서 원인을 찾는 경향이 있으며, 이 과정에서 때로는 공포에 동반되는 정상적인 증상을 심각한 신체적 문제 또는 정신적 문제로 오해할 수 있습니다. 이런 잘못된 믿음은 '공포에 대한 공포' 악순환을 유발할 수 있습니다. 공포의 신체 증상에 대한 일반적인 오해와 잘못된 믿음에는 "미칠 것이다.", "통제력을 잃을 것이다.", "신경쇠약에 걸릴 것이다.", "심장마비가 올 것이다.", "정신을 잃고 쓰러질 것이다." 등이 있습니다.

미칠 것이다

많은 사람이 공포 또는 공황의 신체 증상을 미칠 것이라는 의미로 생각하며, 대부분 조현병 같은 심각한 정신질환을 언급합니다. 조현병이 발생할 가능성이 얼마나 되는지 한번 살펴봅시다. 조현병은 때로는 이상한 말이나 망상 또는 믿음, 환각 같은 심각한 증상으로 이어지는 지리멸렬한 생각과 말(주제의 일관성이 없음)을 특징으로 하는 주요 질환입니다. 이상한 믿음의 예는 '외계로부터 메시지를 받는다는 생각'을 들 수 있고, 환각의 예는 '아무도 없는 곳에서 대화 소리를 듣는 것'입니다.

일반적으로 조현병은 공황과 같이 갑자기 오는 것이 아니라 매우 서서히 시작됩니다. 또한 이 질환은 가족력이 있고 유전적 소인이 강하기 때문에 소수의 사람들에서만 발생할 수 있으며, 대부분의 사람들은 아무리 스트레스가 많더라도 이 질환에 걸리지 않습니다. 게다가 조현병이 발생하는 사람들은 대개 어려서부터 약간의 증상(특이한 생각 등)을 보입니다. 만약 이런 증상을 아직 발견하지 못했다면, 조현병이 올 가능성은 거의 없으며, 25세가 넘었다면 특히 더 그렇습니다. 조현병은 일반적으로 10대 후반에서 20대 초반 사이에 첫 발병을 하기 때문입니다. 마지막으로, 만약 당신이 정신과 의사나 심리학자와 면담한 적이 있었다면, 조현병이 있는데도 진단을 받지 못했을 리는 없습니다.

통제력을 잃을 것이다

어떤 사람들은 공황이 오면 통제력을 잃을 것이라고 믿습니다. 이는 보통 몸이 완전히 마비되어 움직일 수 없거나, 자신이 무슨 짓을 하고 있는지도 모르고 난폭하게 뛰어다니거나, 사람들을 해치거나, 음란한 소리를 지르는 것 같은 창피한 행동을 하게 될 것이라는 의미입니다. 또는 무슨 일이 벌어질지도 모른 채 통제불능의 압도적인 느낌을 경험하는 것을 의미할 수도 있습니다.

공황이 오면 조금 혼동되고 비현실적인 느낌이 들 수는 있지만, 그럼에도 불구하고 여전히 판단하고 기능할 수 있습니다. 실제로는 아마도 평상시보다 더 빨리 생각하고, 더 강하고, 더 신속하게 반응할 수 있을 것입니다. 사람들이 실제로 응급 상황에 처하면 이런 일들이 일어납니다. 교통사고로 차에 갇힌 자녀를 구하기 위해 엄청나게 무거운 물건을 들거나 극심한 공포감을 이겨 내는 부모들의 사례를 생각해 보십시오.

때때로 벗어나고자 하는 강한 욕구를 통제력을 잃은 것으로 오해하기도 합니다. 예를 들어, 우리 클리닉의 한 환자는 공황이 왔을 때 구직 면접에 가기 위해 운전을 하는 중이었는데, 차를 돌려 남편의 사무실로 갔습니다. 그녀는 이것이 통제력을 잃은 것이라고 생각했습니다. 그러나 그녀는 안전을 위해 필요하다고 생각되는 행동을 했기 때문에 오히려 자신의 행동을 완벽하게 통제했습니다. 자신이 죽을 것이라고 생각한 그녀의 두려움을 고려할 때, 그녀가 남편에게 간 것은 당연했습니다. 자신이 곧 죽는다고 믿는다면 대부분의 사람들이 똑같이 행동할 것입니다. 그러므로 그것은 통제된 행동이었습니다. 문제는 자신이 죽을 것이라는 그녀의 잘못된 믿음이었습니다.

신경쇠약에 걸릴 것이다

많은 사람이 공황이 계속되면 신경이 고갈되어 결국 신경쇠약에 걸릴 것이라고 믿습니다. 그러나 그럴 가능성은 전혀 없습니다. 앞서 논의한 바와 같이, 공황은 교감신경계의 활동에 기반하며, 부교감신경계의 제어를 받습니다. 부교감신경계는 교감신경계가 '과소모'되는 것을 방지하는 일종의 안전장치입니다. 불안이 계속되면 부정적 사건에 더 예민해질 수는 있습니다. 그러나 신경은 전선과 달라서 불안 때문에 닳거나, 손상되거나, 없어지지 않습니다.

심장마비가 올 것이다

많은 사람이 공황 증상을 심장마비의 징후로 오인합니다. 이것은 아마도 심장마비에 대한 지식이 부족하기 때문인 것 같습니다. 지금부터 심장질환의 진실을 자세히 살펴보고 공황과의 차이를 검토해 봅시다. 심장질환의 주요 증상은 호흡곤란과 가슴 통증, 간헐적인 심계항진과 기절입니다. 심장질환의 증상은 일반적으로 육체적 활동과 직접적인 연관이 있습니다. 즉 운동을 많이 할수록 증상이 심해지고, 적게 할수록 증상이 개선됩니다. 심장질환의 증상은 대개 휴식을 취하면 빠르게 사라집니다. 이것은 공황의 증상과 매우 다른 점입니다. 공황은 휴식 중에 자주 발생하며 제멋대로 나타나는 것 같아 보입니다. 물론 공황 증상도 운동을 할 때 나타날 수 있고 심지어 악화될 수도 있습니다. 그러나 공황 증상은 휴식 때도 자주 나타나기 때문에 심장마비 증상과는 다릅니다. 가장 중요한 점은 심장질환은 거의 항상 심장에 심전도상에서 확인될 수 있을 정도의 큰 전기적 변화를 일으킨다는 것입니다. 공황 때 심전도에 나타나는 유일한 변화는 심장박동이 빨라지는 것뿐입니다. 통상적인 범위를 훨씬 벗어나는 극히 빠른 속도인 분당 200회 이상의 심박수가 오랜 기간 지속되지 않는 한, 공황 때 심장박동이 빨라지는 것 자체는 전혀 해가 없습니다. 강한 공황 때 심박수는 보통 분당 120~130회 정도입니다. 강도 높은 운동 후에도 연령이나 운동 수준에 따라 심박수는 분당 150~180회 정도까지 증가합니다. 휴식을 취할 때 심박수는 보통 분당 60~85회 정도입니다. 그러므로 심전도상에서 '이상 없음' 진단을 받았다면, 심장질환은 공황의 원인이 아니며 공황이 심장질환을 유발하지 않는다는 것을 믿어도 됩니다.

정신을 잃고 쓰러질 것이다

공황장애를 겪는 사람들에게 기절에 대한 공포는 흔하지만, 실제로 기절하는 경우는 매우 드뭅니다. 기절에 대한 공포는 어지러움이나 어찔함을 느끼면 곧 정신을 잃고 쓰러질 것이라는 잘못된 믿음에서 기인합니다. 실제로 공황 상태는 기절과는 양립할 수 없는 기전입니다. 공황 때 일어나는 신체적 긴장(교감신경계 활성화)은 기절할 때 일어나는 현상과 정반대입니다. 기절은 대부분 혈압이 낮은 사람이나 스트레스를 받고 혈압이 심하게 떨어지는 사람에게 일어납니다.

공황 증상에 대한 또 다른 흔한 미신이나 잘못된 믿음은 공황 증상이 동맥류나 뇌전증 또는 쇼크사 등을 유발할 수 있다는 것입니다.

잘못된 믿음은 왜 생기는가?

신체 증상의 위험성에 대해 다른 사람으로부터 전해 들은 정보는 잘못된 믿음을 형성할 수 있습니다. 우리는 심지어 유명 의학 안내서에 공황을 정신병적 우울증에 이를 수 있는 상태로 정의한 것을 본 적도 있습니다. 공황이 정신병을 유발한다는 증거는 없습니다. 따라서 그것은 잘못된 정보입니다. 그러나 정신의학에 대한 지식이 없는 사람들은 그런 정보로 인해 쉽게 공황을 겪는 동안 미칠지도 모른다는 공포를 갖게 됩니다. 만약 어떤 사람이 미칠까 봐 두려워한다면, 공황을 경험하는 것이 무섭고 다시 공황을 겪을까 봐 불안해하리라는 것을 충분히 짐작할 수 있습니다.

다른 사람이 신체 증상을 두려워하는 것을 보는 것도 잘못된 믿음을 갖게 되는 또 다른 요인입니다. 예를 들어, 건강 문제에 관해 지나치게 불안해하는 어머니나 아버지를 보면서 자란 아이는 자신의 신체 증상에 대해 잘못된 믿음을 가지게 되고, 불안의 원인이 되는 신체감각을 더 면밀하게 관찰할 가능성이 높습니다.

마지막으로, 개인적으로 경험한 외상적 사건도 신체 증상이 해롭다는 잘못된 믿음을 유발할 수 있습니다. 예를 들어, 외과 수술(특히 회복 과정이 순탄하지 않았던 수술)이나 약품에 대한 위험한 알레르기 반응 또는 심각한 신체적 질병은 특히 그 반응이나 질병과 연관된 신체감각을 주의해서 살펴보는 경향을 유발할 수 있습니다.

과제

✎ 일주일 동안 공황 기록과 일일 기분 기록에 당신의 불안과 공황을 계속 기록하십시오.

✎ 일주일 동안 제11장의 제1절을 읽으십시오.

✎ 적어도 일주일 동안 공황과 기분을 기록했고, 제2~4장과 제11장의 제1절을 읽었으면 제5장을 계속 읽으십시오.

자가평가

다음 질문에 '예' 또는 '아니요'로 답하십시오. 정답은 부록에 수록되어 있습니다.

1. 공황은 당신이 통제할 수 없는 신체적 질환이다.	예	아니요
2. 공황 때 심장박동이 빨라지거나 땀을 흘리는 것 같은 증상은 신체적 질환을 시사한다.	예	아니요
3. 공황은 당신을 위험에서 보호하려는 투쟁-도피 반응을 활성화시킨다.	예	아니요
4. '느닷없이' 오는 것 같아 보이는 공황은 종종 호흡의 변화나 기타 사건으로 인한 흥분에 의해 촉발되는 미묘한 신체적 변화와 연관될 수 있다.	예	아니요
5. 공황 반응은 영원히 지속될 수 있다.	예	아니요
6. 사람들은 공황을 겪을 때 미치지 않는다.	예	아니요

✓ PART **2**

대처기술

제2부에서는 가장 불안을 유발하는 상황을 직면하고 극복하는 구체적인 기술을 배울 것입니다. 이러한 상황이 무엇인지 파악한 후에 불안과 공황에 대처하기 위해 다양한 진정 및 사고 전략을 사용하는 방법을 배우게 됩니다.

광장공포증 상황의 순위 설정

목표

- 공황과 기분 기록을 검토한다.
- 광장공포증 상황의 순위를 만든다.
- 미신적 물건, 안전신호, 주의분산, 안전행동의 목록을 만든다.

공황과 기분 기록 검토

지난주에 매일 기분 기록을 작성하고 공황이 일어날 때마다 기록을 했습니까? 만약 기록을 하지 못했다면, 기록 능력을 향상시킬 수 있는 방안을 강구해 보십시오. 공황과 불안을 계속 기록하는 것은 이 프로그램에서 필수적입니다. 공황과 불안을 중단시키는 방법을 익히는 것은 기록이 얼마나 완벽하고 정확한가에 달려 있습니다. 무엇을 변화시켜야 하는지 정확하게 알지 못하면 변화를 실천할 수 없습니다. 또한 다음 몇 장을 진행하는 동안 정확한 기록이 더욱 중요합니다. 따라서 지금 좋은 기록 습관을 기르면 나머지 프로그램을 완료하는 데 도움이 됩니다.

기록하는 것을 잊지 않기 위해 일일 기분 기록을 냉장고나 욕실 거울 또는 침대 옆같이 잘 보이는 곳에 붙여 두십시오. 그리고 어디를 가든 공황 기록을 항상 휴대하십시오.

만약 아직 기록을 하지 않았다면, 프로그램을 계속하기 전에 다음 주를 이용하여 공황과 불안을 기록해 보는 것이 좋습니다.

지난 한 주 동안 기록을 계속했다면 경과 기록에 첫째 주 데이터, 즉 일주일 동안의 공황 횟수, 일일 불안 평균 점수, 기타 기록할 만한 내용을 기입하십시오. 또한 일주일 동안의 공황 기록에서 어떤 경향이 있는지도 검토하십시오. 예를 들면,

- 공황이 주로 혼자 있을 때 발생합니까 아니면 누군가와 함께 있을 때 발생합니까?
- 공황이 저녁 때같이 특정한 시간대에 나타납니까?
- 공황이 아이를 학교에 보낼 때같이 하루 중 스트레스가 많은 시간대에 더 자주 발생합니까?
- 공황의 증상은 매번 같습니까, 아니면 발생하는 장소에 따라 다릅니까?

또한 공황 기록과 일일 기분 기록 사이의 관련성도 찾아보십시오. 예를 들면,

- 일반적으로 더 불안하거나 우울할 때 공황이 더 자주 발생합니까?
- 공황 전후로 공황에 대한 불안과 걱정이 증가합니까?

경향을 찾으면 공황이 무언가에 대한 **반응**이라는 것을 좀 더 잘 이해하게 됩니다. 느껴지는 것과 달리 공황은 '느닷없이' 나타나는 자동적 반응이 아닙니다.

회피의 역할

불안을 유발하는 상황이나 활동 등을 회피하는 것은 자연스러운 현상입니다. 불안은 우리가 손상이나 해를 입지 않도록 그런 상황이나 활동을 회피할

불안 ——————→ 회피 ——————→ 불안

그림 5.1 불안과 회피 주기

수 있게 준비시켜 줍니다. 그러나 과도한 불안은 지나친 회피를 초래합니다. 비록 회피가 단기적으로는 불안을 완화시키더라도 장기적으로는 지속적인 불안을 초래합니다. 걱정스럽거나 두려운 상황을 더 오래 회피할수록 그 상황은 더 두려워지거나 걱정스러워집니다. 그림 5.1은 불안과 회피 주기를 보여 줍니다.

회피는 교정적 학습(즉 새로운 것을 배우는 것)을 방해합니다. 회피행동은 일반적으로 부정적 사고와 연결되어 있습니다. 예를 들어, 만약 당신이 고속도로를 운전하다가 기절할 것 같다고 생각한다면, 고속도로 운전을 피하는 것이 당연합니다. 그러나 이러한 회피는 실제로 기절하지 않는다는 사실을 깨닫지 못하게 합니다. 마찬가지로, 엘리베이터 안에서 호흡이 멈추고 질식할 것 같다고 생각한다면 당연히 엘리베이터를 회피할 것입니다. 그러나 이런 회피는 호흡이 멈추거나 질식하지 않는다는 것을 깨닫지 못하게 합니다. 상황이나 경험을 회피하지 않고 직면하는 것이 공포와 불안을 극복하는 데 중요합니다. 그러나 먼저, 우리는 당신이 회피하는 구체적인 상황들을 확인하고 그러한 상황을 직면하는 데 도움이 되는 기술들을 익힐 것입니다.

광장공포증 상황의 순위 설정

기록지 5.1 '대표적인 광장공포증 상황' 목록을 확인하십시오. 이 기록지는 복사하여 사용할 수 있습니다. 현재 회피하거나 불안한 상황 옆에 체크 표시를 하십시오. 만약 목록에는 없지만 정기적으로 회피하는 상황이 있다면, 목록의 마지막 '기타'란에 쓰십시오. 필요한 만큼 '기타'란에 더 추가하십시오. 이제 체크된 상황을 사용하여 열 개 정도로 구성된 순위를 만듭니다. 이 목록에는 약간 불안을 유발하는 상황(0~10점 척도에서 3점 내외)과 매우 불안을 유발하는 상황(0~10점 척도에서 9 또는 10점)이 포함되어야 합니다. 이

기록지 5.1   대표적인 광장공포증 상황

상황	불안(0~10)
운전	▆
지하철, 버스, 택시 탑승	▆
비행기 탑승	▆
줄 서서 기다리기	▆
군중	▆
상점	▆
식당	▆
영화관	▆
집에서 민 징소	▆
낯선 장소	▆
미용실이나 이발소	▆
긴 산책	▆
넓게 트인 장소	▆
폐쇄된 공간(예 : 지하실)	▆
보트	▆
집에 혼자 있기	▆
강당	▆
엘리베이터	▆
에스컬레이터	▆
기타	▆

치료 프로그램에서는 이 상황들을 반복해서 직면할 것입니다. 불안을 유발하는 상황이 한두 개뿐일 수도 있고, 열 개 이상일 수도 있을 것입니다.

조건

다음은 광장공포증 상황에서 불안 수준에 영향을 미칠 수 있는 몇 가지 유의해야 할 조건들입니다. 불안을 더 크게 하는 조건을 포함시키는 것이 중요합니다. 예를 들어, 혼자 있을 때 항상 더 불안하다면, 순위에 혼자 상황을 직면하는 항목을 포함시켜야 합니다.

집으로부터의 거리

예를 들어, 고속도로 운전하기는 집으로부터 거리에 따라 몇 가지 과제로 나뉠 수 있으며(예 : 집으로부터 10분 거리 또는 한 시간 거리), 이들 과제는 순위표상에서 각각의 항목으로 분류될 수 있습니다. 만약 집에서 멀어질수록 더 불안하다면, 집으로부터 더 멀어지는 조건을 순위에 포함시켜야 합니다.

출구 근접성 또는 탈출 용이성

영화관에 가는 것은 얼마나 가운데 자리에 앉는지에 따라 더 불안하거나 덜 불안할 수 있습니다. 만약 어떤 장소에서 빠져나갈 수 있는 것이 중요하다면, 가운데 좌석이 통로 쪽 좌석보다 훨씬 더 불안할 수 있습니다. 유사한 예로, 고속도로 운전은 고속도로 진입램프와 진출램프 사이의 거리에 따라 더 쉽거나 더 어려울 수 있습니다. 이런 경우, 처음에는 쉽게 빠져나갈 수 있는 상황에서 시작하더라도 궁극적으로는 빠져나가기가 매우 힘든 상황을 반드시 직면해야 합니다.

시간대

식료품 쇼핑은 아침, 점심, 저녁 중 언제 하는가에 따라 더 쉽거나 더 어려워질 수 있습니다. 어떤 사람들은 오후나 저녁이 더 불안한데 이때가 더 피로하고 공황에 대처하는 능력이 떨어진다고 느끼기 때문입니다.

사람 수

혼잡한 상황인지 아닌지가 불안 수준에 영향을 미칠 수 있습니다. 그러므로 붐비는 시간에 쇼핑을 하거나 운전을 하는 것은 덜 붐비는 조건에서 쇼핑이나 운전을 하는 것과 다를 수 있습니다. 만약 이것이 중요하다면, 순위표에 붐비는 시간대의 항목을 포함시키십시오.

동반인 유무

당연히 친구나 가족이 함께 있으면 종종 큰 차이를 만듭니다. 다른 사람에게 의지하는 것은 안전신호(제1장 참조)에 의지하는 한 형태입니다. 만약 특정한 사람들과 같이 있을 때 덜 불안하다면, 광장공포증 상황에 대한 공포를 직면하는 초기에는 그들의 도움을 받을 수 있습니다. 그러나 궁극적으로는 그런 사람들 없이 그 상황을 직면해야 합니다. 그러므로 혼자 있는 것이 더 불안하다면, 순위표에 다른 사람의 도움 없이 상황에 직면하는 항목을 포함시키십시오.

요약

이제 순위표상의 상황을 짧은 시간 안에 반복해서 직면하는 연습을 할 것입니다. 광장공포증 상황에 대한 직면은 당신의 걱정이 틀렸다는 것을 증명하는 방식으로 진행됩니다. 따라서 직면 조건이 적절해야 합니다.

만약 혼자 쇼핑을 할 때만 기절하는 것을 걱정하고, 친구나 가족과 함께 쇼핑할 때는 걱정을 하지 않는다면, 일부러 혼자 쇼핑하는 연습을 해 보는 것이 가장 좋을 것입니다. 이 연습의 목표는 당신의 가장 큰 걱정이 근거 없는 것임을 보여 주는 가장 강력하고 직접적인 경험을 제공하는 것입니다.

이제 기록지 5.2의 '광장공포증 상황 순위'에 두려워하는 상황을 나열하십시오. 가장 불안한 조건을 포함시켜야 합니다. 이 기록지는 복사하여 사용할 수 있습니다. 그리고 나서 각 상황을 0~10점 척도로 평가하십시오. 0＝불안하지 않음/회피하지 않음, 10＝극도의 공포/항상 회피를 의미합니다. 이상적으로는 불안/회피 점수가 3~10점 범위라야 합니다. 불안/회피 점수는 만

상황	불안(0~10)

약 당신이 지금 당장 특정 상황을 직면하도록 요구받을 때 드는 느낌의 정도입니다. 이 단계에서 중요한 것은 브레인스토밍을 통해 상황을 나열하는 것이지만, 특정한 순서로 나타낼 필요는 없습니다.

만약 많은 상황들이 3점 이하이거나 8점 이상이라면, 앞서 설명한 조건들을 사용해서 더 쉬운 상황이나 더 어려운 상황을 선택하십시오. 완성된 광장공포증 순위의 예는 글상자 5.1에 나와 있습니다.

비효율적인 대처 방법

이제 비효율적인 대처 방법을 찾아볼 차례입니다. 이러한 대처 방법은 장기적으로 도움이 되지 않으므로 궁극적으로는 모두 없애야 합니다.

미신적 물건과 안전신호

앞서 논의한 바와 같이, 미신적 물건과 안전신호란 마치 당신이 생존에 필수적인 듯이 의존하는 물건이나 사람을 의미합니다. 이들은 '안전감'을 제공하기 때문에 비록 당장은 삶을 더 편하게 해 주는 것처럼 보입니다. 그러나 안전신호는 공황이 해롭다는 잘못된 생각을 증가시키므로 결국 공포와 회피를 강화합니다. 실제 위험이 없다는 것을 이해하면 안전신호의 필요성이 사라집니다. 다시 말해서, 사실은 안전신호가 위험을 예방하는 것이 아닙니다. 위험이 실제로 존재하지 않기 때문입니다. 그러나 이것을 깨닫는 데는 경험이 필요합니다. 그동안에는 자신의 안전신호를 알아 둘 필요가 있습니다.

우리는 다른 사람의 역할에 대해서는 이미 설명하였습니다. 다른 미신적 물건과 안전신호로는 휴대전화, 선글라스, 지갑, 종이봉투(호흡을 조절하기 위해), 치료자 전화번호, 녹음된 이완 지시문, 행운의 부적, 약병, 제산제, 음식,

기록지 5.3 미신적 물건과 안전신호

여행 중 익숙한 랜드마크 등이 있습니다. 자신의 안전신호를 찾기 위해, 외출할 때 한 번도 집에 두고 나와 본 적이 없는 물건이 무엇인지 또는 당신에게 없으면 더 불안한 물건이 무엇인지 생각해 보십시오. 이런 물건들을 기록지 5.3 '미신적 물건과 안전신호'에 나열하십시오. 이 기록지는 복사하여 사용할 수 있습니다.

이 미신적 물건과 안전신호 목록은 두 가지 방법으로 광장공포증 순위에 통합될 수 있습니다. 한 방법은 먼저 광장공포증 순위의 각 항목을 안전신호를 유지한 채 직면하고 난 후 안전신호 없이 다시 직면하는 것입니다. 예를 들어, 고속도로에서 다음 출구까지 먼저 동반자와 함께 운전한 다음, 동일한 거리를 동반자 없이 운전할 수 있습니다. 두 번째 방법은 광장공포증 순위상의 항목을 직면할 때 처음부터 안전신호를 제거하고, 이후에도 항상 안전신호 없이 직면하는 것입니다. 이 두 방법 중 어떤 것을 선택하느냐는 당신에게 달려 있습니다. 실제로는 광장공포증 순위의 어떤 항목에 대해서는 첫 번째 방법으로 직면하고, 다른 항목에 대해서는 두 번째 방법을 사용할 수 있습니다. 가장 중요한 것은, 궁극적으로 안전신호 없이 광장공포증 상황을 직면하는 것입니다.

안전행동과 주의분산

어떤 유형의 행동은 단기적으로는 불안을 감소시킬 수 있지만, 대처기술의 숙달을 방해하기 때문에 장기적으로는 도움이 되지 않습니다. 특히 실제 직면하고 있는 상황이 마치 위험하기라도 한 것처럼 죽을힘을 다해 '살려고 매달리는' 행동이 그렇습니다. 예를 들면, 자신의 몸을 지지해 줄 수 있을 것 같은 구조물(건물이나 난간 등)에 바짝 붙어 있는 것입니다. 이런 행동은 특히 넘어지는 것을 두려워하는 사람에서 나타납니다. 그러나 이렇게 구조물에 바짝 붙어 있는 행동은 잡을 것이 없는 '열린 공간'에서는 넘어질 확률이 높다는 잘못된 믿음을 강화합니다.

다른 예는 통제력을 잃는 것에 대한 두려움으로 운전대를 꼭 잡고 있는 것입니다. 실제로는 힘을 주지 않고 편안하게 운전대를 잡더라도 매우 안전합니다. 안전행동의 또 다른 예는 차를 통제하지 못해 정지신호일 때 지나갈까 봐 신호등 앞에서 파킹 브레이크를 잠그는 것, 고속도로에서 느리게 운전하는 것, 출구와 가깝고 서행할 수 있는 끝 차선으로만 운전하는 것 등입니다.

출구를 찾는 것은 또 다른 안전행동입니다. 예를 들어, 대형 나이트클럽에서 출구 표시를 찾거나 쇼핑몰 안에서 물건을 살 때 출구 표시를 몇 번이고 다시 확인할 수 있습니다. 다시 말해, 출구를 찾는 행동은 그 상황을 벗어날 수 없다면 위험한 일이 일어날 것이라는 잘못된 믿음에 근거합니다. 또한 출구 표시는 안전신호로 기능할 수 있습니다.

앞서 언급한 바와 같이, 주의분산은 장기적으로는 불안을 악화시키는 또 다른 임시방편입니다. 궁극적으로는 주의분산 없이 광장공포증 상황을 직면해야 합니다. 주의분산은 명백할 수도 있고 미묘할 수도 있지만, 어떤 경우이든 상황을 회피하는 하나의 방편입니다. 가장 일반적인 주의분산 기법은 두려움의 대상에서 시선을 돌리는 것입니다. 예를 들면, 건물의 10층에 올라가서 높은 곳을 직면할 때 창밖을 쳐다보지 않거나 발코니 너머를 내다보지 않음으로써 상황을 회피할 수 있습니다. 마찬가지로, 엘리베이터에 탑승하여 엘리베이터에 대한 공포를 직면할 수 있으나 탑승하고 있는 동안 계속 눈을 감음으로써 상황을 회피할 수 있습니다.

보다 미묘한 주의분산 방법은 터널을 빠져나오거나 다리를 다 건널 때까지 어떤 장소에 있는 것 같은 상상을 하거나 숫자 게임 또는 단어 게임 등을 하는 것입니다. 드물지만 더 위험한 방법으로는 고통이나 공포가 공황을 압도하여 없애 줄 것이라는 가정하에 스스로 고통을 가하거나 과속으로 운전하는 것 등입니다. 당연히 후자의 방법이 공황보다 훨씬 더 위험합니다.

광장공포증 상황에 대한 노출은 주어진 상황과 그 상황에 대한 자신의 반응에 객관적으로 초점을 맞출 때 최상의 결과가 나옵니다. 이것을 객관적 자기집중이라 하며, 다음과 같은 혼잣말들이 객관적 자기집중의 예입니다. "나는 지금 엘리베이터 안에 있어. 엘리베이터가 움직이는 것이 느껴져. 엘리베이터 문과 천장과 바닥이 보여. 심장이 뛰는 게 느껴져. 지금 내 불안 수준은 중간 정도야." 객관적 자기집중은 주관적 자각과 다릅니다. 주관적 자각의 예는 다음과 같은 혼잣말들입니다. "기분이 끔찍해. 기절할 것 같아. 견딜 수가 없어. 여기서 나가야 해." 주관적 자기집중은 불안과 두려움의 일부이기 때문에 아마도 자연스럽게 나타나는 스타일일 것입니다.

대부분의 경우, 주의분산을 유지하려는 시도는 순간적이고 부정적인 주관적 자기집중과 교대로 나타납니다. 예를 들어, 어떤 광장공포증 상황에서 숫자 세기나 이미지 연상으로 주의분산을 하면서도 잠깐씩 자신의 신체를 관찰하거나 기분이 얼마나 나쁜지 질문할 수 있습니다. 이렇게 주의분산과 주관적 자기집중이 결합되면 불안이 지속될 수 있습니다. 우리의 목표는 이런 식의 대처 방식을 객관적 자기집중으로 대체하여 주어진 상황과 자신의 반응을 충분히 인식하는 것입니다.

이 프로그램의 목표는 당신의 안전행동과 주의분산을 모두 없애도록 돕는 것입니다.

기록지 5.4 '안전행동과 주의분산'에 당신의 일반적인 안전행동과 주의분산을 나열하십시오. 이 기록지는 복사하여 사용할 수 있습니다.

자신의 미신적 물건과 안전신호, 안전행동, 주의분산을 파악하는 것은 쉬운 일이 아닙니다. 실제로 사람들은 누구나 자신이 무엇을 하고 있는지 충분히 인식하지 못한 채 행동하는 습관이 있습니다. 이에 대한 한 가지 해결책은 당신을 아주 잘 아는 사람에게 당신의 행동에 대해 그들이 관찰한 것을 물어보는 것입니다. 예를 들어, 남편이나 아내, 형제, 부모, 친구라면 당신이 충분히 자각하지 못하는 당신의 미묘한 행동을 찾아낼 수 있을 것입니다.

기록지 5.4　안전행동과 주의분산

과제

✎ 공황 기록과 일일 기분 기록을 사용하여 계속 기록하십시오.

✎ 제6장의 제1절을 읽으십시오.

자가평가

다음 질문에 '예' 또는 '아니요'로 답하십시오. 정답은 부록에 수록되어 있습니다.

1. 회피는 단기적으로는 불안을 증가시키지만 장기적으로는 불안을 줄인다.	예	아니요
2. 광장공포증 순위는 현재 불안을 느끼거나 회피하는 상황으로 구성되며, 그 범위는 약간 불안한 상황부터 매우 불안하거나 회피하는 상황까지이다.	예	아니요
3. 미신적 물건과 안전신호는 불안에 대한 효과적인 대처 방법이다.	예	아니요
4. 불안으로부터 주의를 분산시키는 것은 더 이상 불안하지 않다는 신호이다.	예	아니요

호흡법

- 호흡 패턴이 공황과 불안에 어떻게 영향을 미치는지 이해한다.
- 복식호흡을 배운다.
- 느린 호흡을 배운다.
- 호흡법을 대처기술로 활용한다.

이 장의 내용은 4주에 걸쳐서 완성하는 것이 좋습니다. 21~22쪽의 목록을 사용하여 이 장의 각 절을 다음 장과 연계하여 언제 수행해야 하는지 알아보십시오.

제 1 절 | **교육과 복식호흡**

지나치게 호흡하는가 아니면 부족하게 호흡하는가?

많은 사람이 공황을 겪을 때 과호흡, 즉 너무 빠르게 호흡을 합니다. 실제로 공황을 겪는 사람의 50~60%는 과호흡 증세를 보입니다. 이것을 과환기라고도 합니다. 기술적으로 볼 때, 과호흡 또는 과환기는 몸이 필요로 하는 것보다 더 많은 산소를 흡입하는 것을 의미합니다. 과호흡은 두 가지 측면에서 공황에 관여합니다.

1. 과호흡은 공포를 일으키고 공황으로 이어지는 초기 신체감각을 유발할
   수 있습니다.
2. 공포와 공황은 과호흡을 유발할 수 있습니다.

과호흡의 증상은 어지러움, 어찔함, 호흡곤란, 시야 흐림, 식은땀, 화끈거
림, 오한, 기절할 것 같은 느낌, 심박수 증가, 가슴의 압박감 또는 통증, 어둔
한 말 등입니다. 비록 과호흡의 증상이 매우 심할 수 있지만 위험하지는 않
습니다.

과호흡이 당신의 공황에 있어서 중요한 역할을 하는지 알아보기 위해 다
음 질문에 답해 보십시오.

1. 평상시에 공기가 부족한 것같이 숨 가쁜 느낌이 자주 듭니까?
2. 때때로 질식할 것 같은 느낌이 듭니까?
3. 때때로 따끔거림, 찌릿찌릿함, 저림 등의 증상과 함께 가슴 통증이나
   가슴 주위의 압박감을 경험합니까?
4. 하품이나 한숨 또는 심호흡을 자주 합니까?
5. 두려울 때, 숨을 참거나 빠르고 얕은 호흡을 합니까?

만약 이 질문에 한 가지 이상 '예'라고 대답했다면, 과호흡이 당신의 공황
과 불안에 어느 정도 영향을 미쳤을 가능성이 있습니다.

물론 당신은 보통 사람과 마찬가지로 자신의 호흡 패턴을 인식하지 못할
수도 있습니다. 과호흡이 공황과 불안에 관여하는지 알아보는 또 다른 방법
은 다음과 같은 과호흡 운동을 해 보는 것입니다. (주의 : 뇌전증이나 심폐질
환이 있는 사람은 이 운동을 하지 마십시오.)

편안한 의자에 앉아서 마치 풍선을 불듯이 매우 빠르고 깊게 호흡을 하십
시오. 숨을 폐 속 깊이 들이마시고 강하게 내쉬는 것이 중요합니다. 최대 2분
간, 가능한 한 길게 계속하십시오. 운동을 마치고 나면 눈을 감고 천천히 호흡

하십시오. 호흡이 끝날 때마다 잠깐 멈춥니다. 신체 증상이 사라질 때까지 몇 분간 느린 호흡을 계속하십시오.

이제 어떤 경험을 했는지 생각해 보십시오. 공황 기록지에 경험한 증상을 표시하십시오. 공황 증상과 비슷한 증상을 경험했습니까? 신체 증상에 대한 명확한 이유(즉 일부러 과호흡으로 신체감각을 유발함)가 있기 때문에 일반적인 경우처럼 두려움을 느끼지 않았을 수도 있습니다. 그럼에도 불구하고 신체 증상이 공황 때 경험한 증상과 유사했습니까?

만약 그렇다면, 과호흡이 공황을 유발하는 요인일 수 있습니다. 그렇지 않다면 과호흡이 공황의 유발 요인이 아닐 수 있습니다. 어떤 경우이든, 호흡 조절법을 배우면 당신이 두려워하거나 회피하는 신체 증상과 상황에 직접 대처하는 유용한 도구가 될 수 있습니다.

호흡에 대한 학습

정상 호흡

이 단락에서는 호흡 기전과 과호흡의 증상에 대해 간략히 설명하겠습니다. 이 정보는 과호흡의 증상이 해롭다는 잘못된 믿음을 수정하는 데 도움이 될 것입니다.

우리의 몸은 생존을 위해 산소를 필요로 합니다. 숨을 들이쉴 때마다 산소가 폐로 들어오고, 폐에서 헤모글로빈(혈액 속의 '산소 결합' 물질)과 결합합니다. 헤모글로빈은 체내에서 산소를 운반하다가 세포가 사용할 수 있도록 방출합니다. 세포는 산소를 에너지 반응에 사용합니다. 산소를 사용한 후에는 이산화탄소가 다시 혈액으로 방출되며, 이산화탄소는 폐로 운반되어 최종적으로 숨을 내쉴 때 배출됩니다.

산소와 이산화탄소의 균형은 중요하며, 이 균형은 주로 호흡의 적절한 속도와 깊이를 통해 유지됩니다. '너무 많은' 호흡은 혈액 내 산소 농도를 높이고 이산화탄소 농도를 떨어뜨리는 효과가 있는 반면, 너무 적은 호흡은 산소 농도를 떨어뜨리고 이산화탄소 농도를 높이는 효과가 있음을 쉽게 이해할 수 있을 것입니다. 안정 상태에서 적당한 호흡 속도는 보통 분당 10~14회 사이입니다.

과호흡은 특정 시점에 신체가 필요로 하는 것보다 훨씬 빠르고 깊게 호흡하는 것을 말합니다. 정상적으로는 산소 요구량과 이산화탄소 생산이 모두 증가하는 경우(예 : 운동할 때), 호흡이 적절하게 증가해야 합니다. 반대로, 산소 요구량과 이산화탄소 생산이 모두 감소하는 경우(예 : 이완할 때), 호흡은 적절하게 감소해야 합니다.

불안과 과호흡

불안과 공포를 경험하면 몸의 근육이 위험에 대항해 싸우거나 도망치기 위해 더 많은 산소를 요구하기 때문에 호흡이 증가합니다. 그러나 흡입하는 속도만큼 산소가 소모되지 않는다면(예 : 실제로 달리기나 싸움이 일어나지 않는 경우), 오히려 과호흡 상태가 초래됩니다.

과호흡의 가장 중요한 효과는 체내 이산화탄소 분압을 떨어뜨리는 것입니다(체내 산소량에 대한 이산화탄소량의 비율이 떨어지는 것을 의미함). 우리의 신경 및 화학 시스템은 혈액 내 산소 농도보다 이산화탄소 농도 변화에 훨씬 더 민감합니다. 이산화탄소 분압 감소는 혈액의 산(acid) 함량을 떨어뜨려 알칼리성 혈액(alkaline blood)을 초래합니다. 이 두 가지 효과, 즉 혈액 내 이산화탄소 분압 감소와 혈중 알칼리도 증가는 과호흡을 할 때 나타나는 대부분의 신체적 변화를 유발합니다.

과호흡에 의해 유발되는 가장 중요한 변화 중 한 가지는 신체 특정 부위의 혈관이 수축하거나 좁아지는 것입니다. 이러한 혈관 수축과 함께, 헤모글로빈의 산소 '결합력'이 증가합니다. 그래서 신체의 일부 부위로 공급되는 혈액이 줄어들 뿐 아니라, 이 혈액을 통해 운반되는 산소가 조직으로 방출되기 어려워집니다. 비록 과호흡으로 필요 이상의 산소가 흡입되지만, 실제로는 뇌와 신체의 일부 부위에 산소 공급이 약간 줄어듭니다. 산소의 감소는 약간이며 전혀 해롭지 않다는 것을 기억하십시오.

그럼에도 불구하고, 과호흡의 생리적 작용은 명백하고 때로는 강렬한 증상을 유발합니다. 첫째, 어지러움, 어찔함, 혼동감, 비현실감 같은 증상입니다.

둘째, 심박수 증가(혈액을 더 공급하기 위해), 사지의 마비감과 따끔거림, 차 갑고 축축한 손, 때로는 근육 경직 같은 증상입니다. 또한 과호흡은 숨 쉬기 힘든 느낌을 유발하고 때로는 질식감이나 숨 막히는 느낌이 더해져 실제로 공기가 부족한 것처럼 느껴지게 합니다. 실제로는 공기가 충분합니다. 앞서 과호흡 연습을 했을 때 이런 증상들을 많이 느꼈을 수도 있습니다.

과호흡은 다른 작용도 유발합니다. 첫째, 과호흡은 힘든 신체적 활동이므 로 덥고 얼굴이 붉어지고 땀이 날 수 있습니다. 과호흡을 장시간 하면, 흔히 피로와 탈진을 유발합니다. 또한 과호흡을 하는 사람들은 횡격막(흉곽 기저 부 근육)을 사용하는 대신 주로 가슴으로 호흡합니다. 호흡을 할 때 가슴 근 육을 주로 사용하면 과다 사용으로 인해 피로하고 민감해집니다. 이로 인해

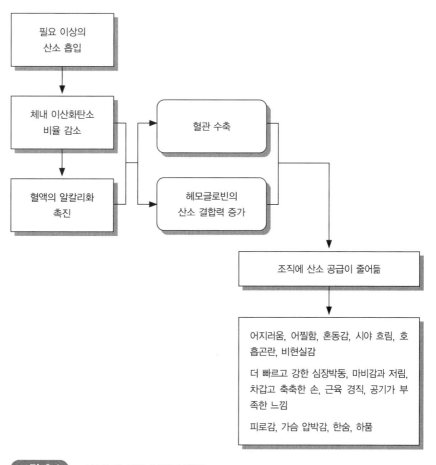

그림 6.1 과호흡에 의한 신체적 변화

때로는 가슴 압박감이나 심한 통증이 유발되기도 합니다. 마지막으로, 과호흡을 하는 많은 사람은 한숨을 쉬거나 하품을 하는 습관이 있습니다. 유감스럽게도 이런 습관은 문제를 야기하는데, 하품과 한숨은 다량의 이산화탄소를 매우 빠르게 몸 밖으로 배출시켜 혈액 속의 이산화탄소 비율을 낮추기 때문입니다. 그림 6.1은 이런 변화를 설명합니다.

과호흡이 항상 분명하지는 않습니다. 예를 들어, 가벼운 과호흡은 과호흡의 명확한 징후 없이 오랜 기간에 걸쳐 나타날 수 있습니다. 이는 체내 이산화탄소 농도가 하락하더라도 우리 몸이 정상 혈액 산도 수준을 유지하기 위해 균형을 잡으려 하기 때문입니다. 그러므로 증상은 항상 나타나지 않습니다. 그러나 이산화탄소 수준이 낮게 유지되기 때문에, 호흡 변화에 대한 완충 능력을 상실합니다. 그 결과, 약간의 호흡 변화(예 : 하품이나 계단 오르기)로도 갑자기 증상이 나타날 수 있습니다. 이것은 많은 공황이 갑자기 오는 특성을 설명할 수 있습니다. 즉 평소에 과호흡 경향이 있는 사람은 호흡의 작은 변화로도 급성 과호흡이 촉발됩니다.

무엇보다 과호흡의 가장 중요한 점은 위험하지 않다는 사실일 것입니다.

호흡기술 : 복식호흡

다음은 복식호흡의 기술을 배우기 위한 훈련입니다. 횡격막 호흡과 '심호흡'을 구별하는 방법을 배울 것입니다. 사람들은 공황에 대처하는 방법으로 '심호흡을 하라'고 말하는데, 이는 보통 크게 숨 쉬는 것(공기를 크게 들이마시는 것)을 의미합니다. 그러나 크게 숨 쉬는 것은 비생산적입니다. 복식호흡이란 정상 크기의 호흡을 유지하면서 초점을 가슴에서 복부 쪽으로 돌리는 것을 말합니다.

이 훈련의 목적은 현재 불안을 일으키는 신체 증상과 상황에 직접 대처할 수 있는 호흡 조절법을 배우는 것입니다. 이 호흡법은 공포와 불안을 통제하거나 예방하기 위한 것이 아니라 공포와 불안 그리고 그 상황을 직면하는 데 도움이 되도록 고안되었습니다.

이 훈련은 호흡과 명상 두 가지 요소로 구성됩니다. (1) 호흡 요소는 호흡을 느리게 하고 가슴 근육 대신 횡격막을 이용해서 호흡하는 법을 배웁니다. (2) 명상 요소는 호흡 훈련에 정신을 집중하는 것입니다. 모든 기술이 그렇듯이, 명상도 익숙해지기 위해서는 꾸준한 연습이 필요합니다.

다음 훈련을 적어도 하루에 두 번, 한 번에 10분 이상 연습해야 합니다. 처음에는 이 훈련이 어려울 수 있지만, 연습을 할수록 더 쉬워질 것입니다.

제1단계

첫 번째 단계는 배 속 깊은 곳(더 정확하게는 횡격막)까지 닿도록 호흡하는 데 집중하는 것입니다.

- 숨을 들이쉴 때마다 배가 부풀고, 숨을 내쉴 때마다 배가 다시 들어가야 합니다.
- 만약 배로 숨을 들이쉬는 것이 힘들다면 다음과 같이 해 보십시오. 한 손은 가슴 위에 다른 손은 배 위에 올려놓습니다. 아래쪽 손의 새끼손가락이 배꼽 위 3cm 정도에 위치하게 하십시오. 숨을 들이쉬고 내쉴 때 배 위의 손만 움직여야 합니다. 이 호흡을 정확하게 한다면 가슴 쪽 손은 거의 움직이지 않아야 합니다. 평상시에 주로 흉식호흡을 했던 사람이라면, 이 호흡이 억지스럽게 느껴지고 호흡이 힘들 수 있습니다. 그러나 이것은 정상적인 반응입니다. 당신은 산소를 충분히 공급받고 있으며, 훈련을 거듭할수록 숨 막히는 느낌이 줄어들 것입니다.

제2단계

두 번째 단계는 평상시 깊이로 호흡하는 것입니다. 공황과 불안은 종종 공기가 부족하다는 느낌과 함께 크게 호흡하고 싶은 충동을 불러일으킵니다. 그러나 심호흡을 하면 혈액 중 이산화탄소의 양이 불균형하게 감소하여 더 심한 과호흡으로 이어집니다. 따라서 심호흡을 하지 마십시오. 평균 크기로 호흡하거나 더 얕게 호흡하십시오.

- 이 단계에서는 평상시 속도대로 호흡하십시오. 억지로 느리게 호흡하지

마십시오. 호흡을 느리게 하는 방법은 추후에 배울 것입니다.

- 그리고 호흡을 부드럽게 유지하십시오. 공기를 급하게 들이마셨다 한꺼번에 내뱉지 마십시오. 숨을 내쉴 때 공기가 한꺼번에 빠져나가는 것이 아니라 코나 입으로 천천히 새어 나온다고 상상하십시오. 부드럽게 호흡할 수 있다면 코나 입 어느 쪽으로 호흡하건 상관없습니다.

제3단계

세 번째 단계는 명상을 포함합니다. 숨을 들이쉴 때마다 숫자를 세고, 내쉴 때마다 '편안하다'라고 생각합니다.

- 즉 숨을 들이쉴 때 '하나', 내쉬면서 '편안하다'라는 단어를 생각하십시오. 다음 숨을 들이쉬면서 '둘', 내쉬면서 '편안하다', 또 들이쉬면서 '셋', 내쉬면서 '편안하다'라고 생각하십시오. 이것을 '열'을 셀 때까지 계속하고 나서 거꾸로 '하나'에 이를 때까지 이 과정을 반복하십시오.
- 호흡과 단어에만 집중하십시오. 이것은 매우 힘들 수 있고, 완벽하게 해내지 못할 수도 있습니다. 처음부터 딴생각이 떠오를 수도 있을 것입니다. 이것은 자연스러운 현상이므로 화를 내거나 포기하지 마십시오. 마음속에 떠오르는 생각은 내버려두고, 다시 호흡과 수 세기 및 단어에 주의를 집중하십시오.

집 안의 조용한 곳같이 방해받지 않는 편안한 환경에서 하루 두 번(원한다면 횟수를 늘릴 수도 있음), 한 번에 10분 정도 연습하십시오.

이 새로운 호흡법이 처음에는 이상하게 느껴지고 숨 쉬기 힘든 느낌이 들 수도 있을 것입니다. 이것은 자연스러운 현상입니다. 당신은 충분한 공기를 마시고 있으며, 연습을 할수록 점점 더 편해질 것입니다.

아직까지는 불안할 때 이 새로운 차분한 호흡법을 사용하지 마십시오. 완전하게 익히지 못한 전략을 사용하는 것은 전혀 시도하지 않는 것보다 더 심한 좌절과 불안을 초래할 수 있기 때문입니다. 이것은 스쿠버다이버에게 수중 응급 상황에 대한 대처 방법을 한 번 가르치고 나서, 실제로 물속에서 응급 훈련 중 호흡과 수 세기에 대한 집중도와 횡격막을 주로 사용한 호흡 성취도를 매 연습 후(하루 2회) 0~10점 척도(0=전혀, 10=완벽한)를 사용하여 평가합니다.

0 —— 1 —— 2 —— 3 —— 4 —— 5 —— 6 —— 7 —— 8 —— 9 —— 10
전혀　　　　　약간　　　　　중간　　　　　강한　　　　　완벽한

날짜	연습	호흡 및 수 세기에 대한 집중도	복식호흡 성취도
	1		
	2		
	1		
	2		
	1		
	2		
	1		
	2		
	1		
	2		
	1		
	2		
	1		
	2		
	1		
	2		
	1		
	2		

상황이 일어날 때 그 기술을 성공적으로 사용할 수 있기를 기대하는 것과 같습니다. 스쿠버다이버는 응급절차를 수중에서 사용하기 전에 먼저 육상에서 반복적으로 그 기술을 훈련해야 합니다. 그러므로 지금은 조용하고 안락한 환경에서만 호흡 훈련을 하십시오. 차분한 호흡의 기초 훈련에 익숙해지고 나면, 불안에 대한 하나의 대처기술로서 이 호흡법을 적용할 것입니다.

매번 연습 후에는 기록지 6.1 '호흡 훈련 기록'에 호흡 및 수 세기에 대한 집중도와 횡격막을 사용한 복식호흡 성취도를 기록하십시오. 이 기록지는 복사하여 사용할 수 있습니다. 이 기록은 일주일 동안 지속해야 합니다. 이 것은 당신과 주치의에게 피드백을 제공할 것입니다. 이 호흡법을 성공적으로 익힐 수 없다고 하더라도 위험에 처하지 않는다는 것을 기억하십시오. 이 기술은 호흡을 조절하는 데 도움이 되지만, 필수적인 것은 아닙니다.

과제

✎ 공황 기록과 일일 기분 기록에 공황과 기분을 계속 기록하십시오. 주말 마다 경과 기록에 일주일간의 공황 횟수와 일일 불안 평균 점수를 기록 하십시오.

✎ 일주일 동안 하루에 두 번, 한 번에 10분씩 복식호흡을 연습하고 호흡 훈련 기록에 기록하십시오.

✎ 일주일 동안 복식호흡을 연습하고 나서 이 장의 제2절을 시작하십 시오.

자가평가

다음 질문에 '예' 또는 '아니요'로 답하십시오. 정답은 부록에 수록되어 있습니다.

1. 과호흡은 특정한 시점에서 몸이 필요로 하는 것 이상으로 과도하고 깊게 호흡하는 것을 의미한다.	예	아니요
2. 과호흡을 지속하면 위험할 수 있다.	예	아니요
3. 호흡 훈련을 연습할 때는 이 훈련과 전혀 관련 없는 소재에 집중해야 한다.	예	아니요
4. 호흡 훈련을 할 때 어지러움과 불편감을 느끼면 호흡 훈련을 중단해야 한다.	예	아니요
5. 호흡기술의 목표는 공포와 불안을 없애는 것이다.	예	아니요
6. 호흡기술의 목표는 불안을 유발하는 신체 증상 및 상황을 직접 대처하는 데 도움을 주는 것이다.	예	아니요

제 2 절 | **검토와 느린 호흡**

호흡기술 훈련 검토

횡격막 근육을 주로 사용하여 호흡할 때 배로 충분히 공기가 들어오는 느낌이 들었습니까? 연습 중에 불안 증상을 경험합니까? 만약 그렇다면, 아마도 호흡 연습에 집중하면서 조금 빠르게 호흡하거나 호흡에 대해 불안해졌기 때문일 것입니다. 연습을 계속하면 불안이 사라질 것입니다. 수 세기에 집중하는 데 어려움이 있었습니까? 연습을 계속하면 집중이 나아질 것입니다. 산만해질 때마다 호흡과 단어(숫자와 '편안하다')에 다시 집중하십시오.

호흡기술 : 느린 호흡

다음 훈련은 호흡 속도를 늦추기 위해 고안되었습니다. 일주일 동안 안락하고 조용한 장소에서 하루 두 번, 한 번에 10분씩 연습하십시오.

- 몇 가지 방법으로 호흡을 느리게 할 수 있습니다. 하나의 방법은 숫자를 세고 숨을 들이쉰 다음, '편안하다'라고 생각하고 숨을 내쉬는 것입니다. 즉 숨을 들이쉬고 내쉬는 사이에 잠깐씩 멈추는 것입니다. 또 다른 방법은 단순히 들이쉴 때 3초, 내쉴 때 3초 정도로 느리게 호흡하거나, 숨을 짧게 들이마시고 더 길게 내쉬는 것입니다. 다양한 방법을 시도해 보고 자신에게 가장 잘 맞는 방법을 찾으십시오.
- 1분 동안 10회 정도 속도로 호흡하십시오. 수를 셀 때부터 숨을 내쉬기가 끝날 때까지 6초가 걸리면 분당 10회 호흡합니다. 시간을 완벽하게 맞출 필요는 없지만 분당 10회 정도를 목표로 연습하십시오.
- 깊은 호흡(복식호흡)을 촉진하기 위해 한 손은 배꼽 위에 놓고 다른 손은 가슴에 올린 채 연습을 계속할 수 있습니다.
- 이 훈련의 주된 목표는 부드럽고 자연스러운 공기 흐름을 유지하면서 호흡을 느리게 하는 것과 가슴 대신 횡격막을 이용하는 것입니다.
- 비록 크게 호흡하고 싶다는 느낌이 들더라도 심호흡에 대한 충동을 참으면서 평상시 깊이로 호흡하십시오.
- 숨을 내쉴 때 공기가 한꺼번에 빠져나가는 것이 아니라 코나 입에서 천천히 새어 나온다고 상상하십시오.

과제

✎   공황 기록과 일일 기분 기록에 공황과 기분을 계속 기록하십시오. 주말마다 경과 기록에 일주일간의 공황 횟수와 일일 불안 평균 점수를 기록하십시오.

✎   일주일 동안 하루에 두 번, 한 번에 10분씩 느린 호흡을 연습하고 호흡 훈련 기록에 기록하십시오.

✎   일주일간 느린 호흡 훈련을 완료한 후 이 장의 제3절을 시작하십시오.

자가평가

다음 질문에 '예' 또는 '아니요'로 답하십시오. 정답은 부록에 수록되어 있습니다.

1. 호흡기술 훈련은 가끔 빼먹어도 괜찮다.	예	아니요
2. 호흡을 느리게 한다는 것은 숨을 들이쉬면서 10까지 세고 숨을 내쉬면서 다시 10까지 세는 것을 말한다.	예	아니요
3. 지금까지도 쉬워지지 않는다면, 호흡기술 훈련은 결코 효과가 없을 것이다.	예	아니요
4. 호흡기술은 불안이나 공황의 신체 증상을 제거하기 위해 고안된 것이 아니다.	예	아니요

제 3 절 | 대처 응용

호흡법

이제 당신은 더 느린 속도로 호흡할 수 있습니다. 지금부터는 안락하고 편안한 장소뿐 아니라 다양한 장소에서 연습하십시오. 일할 때나 TV를 볼 때, 사람들을 만날 때 호흡 훈련을 하십시오. 일상생활을 하면서 짧은 연습을 가능한 한 많이 하십시오. 즉 전체 10분을 채우지 않더라도 운전 중 신호등 앞에서 대기할 때 또는 전화로 누군가의 말을 들을 때, 샤워를 하는 동안 등 어디서든 틈날 때마다 1~2분간 연습을 하십시오.

또한 불안과 괴로운 상황을 직면하기 위한 기법으로 호흡기술을 적용해 보십시오. 다시 말해, 불안 증상이 느껴지면 느리고 부드러운 횡격막 호흡에 집중하기 시작하십시오. 수를 세면서 숨을 들이쉬고, '편안하다'라고 생각하면서 숨을 내쉽니다. 숨을 들이쉴 때부터 내쉬기가 끝날 때까지 6초 정도 속도로 느리게 호흡하면서 1에서 10까지 센 후 다시 10에서 1까지 세는 과정을 반복하십시오. 호흡 훈련의 목표는 불안을 완전히 없애는 것이 아니라 호흡을 조절하고, 공황 주기를 차단하며, 불안하게 하는 대상을 회피하지 않고 직면할 수 있게 돕는 것입니다. 호흡법의 목표는 두려움과 불안을 피해 숨기보다는 직면하고 극복할 수 있도록 전진하게 해 주는 것입니다. 이제 호흡기술을 사용하여 공포와 불안을 직면하고 극복하는 데 도움을 받으십시오.

또한 호흡곤란 증상을 통제하지 못하더라도 위험에 빠지지 않습니다. 이것은 매우 중요합니다. 통제력을 잃거나 심장마비가 오는 것 같은 재앙을 막기 위해 숨을 느리게 쉬어야만 한다는 믿음은 오히려 호흡 훈련에 대해 불필요한 불안만 더할 뿐입니다. 과호흡은 절대로 위험하지 않습니다.

횡격막 근육으로 편하게 느린 호흡을 할 수 있다면, 정기적으로 하루 두 번씩 10분간 하는 호흡기술 연습을 중단할 수 있습니다. 그러나 아직까지 느리게 횡격막 호흡을 하는 데 어려움이 있다면 매일 두 차례 호흡 훈련을 계속하고 틈날 때마다 짧게 연습하십시오.

과제

- ✎ 공황 기록과 일일 기분 기록에 공황과 기분을 계속 기록하십시오. 주말마다 경과 기록에 일주일간의 공황 횟수와 일일 불안 평균 점수를 기록하십시오.
- ✎ 가능하면 산만하고 다양한 환경에서 호흡기술을 연습하십시오.
- ✎ 불안한 활동을 지속하거나 불안한 상황에 머물러 있기 위해 호흡기술을 적용하십시오.
- ✎ 일주일 동안 다양한 환경과 불안한 순간에 호흡기술을 연습한 후 이 장의 제4절을 시작하십시오.

자가평가

다음 질문에 '예' 또는 '아니요'로 답하십시오. 정답은 부록에 수록되어 있습니다.

1. 다양한 환경에서 호흡기술을 연습하는 것은 불안과 공황을 예방하기 위해 고안되었다.	예	아니요
2. 불안해질 때는 지금 직면하고 있는 상황을 벗어나서 느린 호흡을 연습하는 것이 중요하다. 그러면 자신을 진정시키고 집에 갈 수 있다.	예	아니요
3. 호흡기술은 불안한 상황과 대상을 직면하는 데 도움이 된다.	예	아니요

제 4 절 | # 검토

불안과 공황을 겪을 때 호흡법 검토

불안을 느낄 때 하고 있던 일을 계속하기 위한 방법으로 호흡법을 사용했습니까? 어떤 효과가 있었습니까? 신체적 불편감의 초기 징후를 미리 알아차릴 수 있었습니까 아니면 숨을 헐떡이고 나서야 호흡 훈련을 시도하였습니까? 후자라면, 호흡기술을 사용하도록 미리 알려 줄 수 있는 초기 징후를 더 잘 알아차리도록 노력하십시오. 혹시 불안 증상을 피하거나 예방하기 위해 절박한 마음으로 호흡 훈련을 했습니까? 호흡기술의 목적은 공포와 불안을 방지하는 것이 아니라 불안과 공황을 겪더라도 해야 하는 것을 할 수 있게 하고, 앞으로 나아가게 하는 것입니다. 만약 필사적으로 호흡 조절을 사용한다면(예 : "호흡을 느리게 하지 않는다면 나는 죽을지도 몰라."), 불에 기름을 붓는 격으로 오히려 공황과 불안을 증폭시킬 것입니다. 호흡을 느리게 하거나 횡격막 근육으로 호흡하는 법을 배우지 않더라도 무사할 것이라는 점을 기억하십시오. 목표는 호흡기술을 사용하여 불안한 대상을 직면하도록 돕는 것이며, 궁극적으로 불안이 줄어들 것입니다.

과제

✎ 공황 기록과 일일 기분 기록에 공황과 기분을 계속 기록하십시오. 주말
마다 경과 기록에 일주일간의 공황 횟수와 일일 불안 평균 점수를 기록
하십시오.

✎ 가능하면 산만하고 다양한 환경에서 호흡기술을 연습하십시오.

✎ 불안한 활동을 지속하거나 불안한 상황에 머물러 있기 위해 호흡기술
을 적용하십시오.

CHAPTER 07 사고기법

목표

- 생각이 감정에 어떻게 영향을 주는지 이해한다.
- 부정적 사고를 찾는다.
- 속단하기와 재앙화 오류를 이해한다.
- 현실적 확률을 평가하는 방법을 배운다.
- 객관적으로 생각하는 방법을 배운다.

이 장의 내용은 3주에 걸쳐서 완성하는 것이 좋습니다. 제1장의 프로그램 개요(21~22쪽)를 참조하여 각 절의 기법을 이어지는 장의 내용과 연계해서 언제 훈련해야 하는지 확인하십시오.

앞서 우리는 사고의 중요성, 특히 부정적 사고가 어떻게 불안과 공황의 악순환을 일으킬 수 있는지 알아보았습니다. 이 장에서는 잘못된 믿음과 부정적 사고를 변화시키는 기술을 익힐 것입니다.

| **사고와 감정의 관계**

생각은 감정에 영향을 미친다

길을 걷는데 한 친구가 당신 쪽으로 걸어오고 있습니다. 그 친구가 웃으며 인사를 건넬 것으로 기대했지만, 그녀는 아는 척도 하지 않고 지나쳐 버렸습니다. 당신은 이 행동에 대해서 어떻게 생각할 것 같습니까? 만약 그 친구가 당신에게 화가 났거나 기분이 상했다고 생각한다면, 당신은 불안하거나 우울할 것입니다. 만약 그 친구가 다른 일로 스트레스를 받아서 당신을 알아보지 못했다고 생각한다면, 특별한 감정을 느끼지 않거나 심지어 그녀를 측은하게 여길 수도 있을 것입니다. 물론 이것은 신체 증상에 대해 생각하는 방식이 신체 증상을 어떻게 생각하는가에 영향을 미친다는 점에서 공황장애와도 관련이 있습니다. 표 7.1은 가슴 통증에 대한 몇 가지 다른 생각과 그 생각이 감정에 미치는 영향의 차이를 보여 주는 예입니다. 이것은 제3, 4장에서 설명한 공황 주기와 유사합니다.

아래에 나와 있는 대로, 광장공포증 상황에 대한 다른 생각 방식의 영향도 마찬가지입니다.

표 7.1 신체 증상에 대한 생각이 감정에 미치는 영향의 예

사건	+	사건에 대한 생각	=	감정
가슴 통증		심장마비의 징후야.		공황
가슴 통증		소화불량 때문이야.		공황 없음
가슴 통증		근육이 결려서 그래.		공황 없음
가슴 통증		암이 틀림없어.		공황
가슴 통증		스트레스와 긴장 때문이야.		공황 없음

감정은 생각에 영향을 미친다

부정적 감정은 더 부정적인 생각을 갖게 합니다. 그러므로 두려움을 느끼면 부정적 사고를 갖게 될 가능성이 높아집니다. 이것은 투쟁-도피 시스템의 가장 중요한 효과가 위험 가능성을 경고하는 것이기 때문입니다. 그러나 때때로 명백한 위험을 찾지 못할 수도 있습니다. 갑작스러운 공황이나 강렬한 감정을 느끼고도 그 이유를 설명할 수 없다면 받아들이기가 어렵습니다. (이것에 대해 제3, 4장에서 다루었습니다.) 사람들은 자신의 감정에 대해 명확한 설명을 찾을 수 없을 때, 대개 자신의 내부에서 원인을 찾으려 합니다. 즉 "외부에 나를 두렵게 할 만한 원인이 없다면, 나에게 뭔가 문제가 있는 게 틀림없어."와 같이 생각하기 쉽습니다. 이 경우, 뇌는 "나는 죽어 가고 있어." 또는 "나는 통제력을 상실할 거야." 또는 "나는 미칠 거야." 같은 설명을 만들어 냅니다(추가 예는 표 7.2 참조). 제3장과 4장에서 제공된 정보를 통해 알 수 있듯이, 이런 설명은 사실과 거리가 멉니다. 투쟁-도피 시스템은 생존 기전으로서 우리를 보호하는 것이 목적이지 해를 끼치려는 것이 아닙니다.

감정이 생각에 미치는 영향의 예는 표 7.3에 나와 있습니다.

불안이 더 부정적인 생각을 만들어 낸다는 사실은 많은 사람이 평온할 때

표 7.2 광장공포증 상황에 대한 생각이 감정에 미치는 영향의 예

사건	+	사건에 대한 생각	=	감정
엘리베이터가 낡고 느림		엘리베이터가 멈출 거야. 그 안에 간혀서 공황이 오고, 웃음거리가 될 거야.		공황/불안
엘리베이터가 낡고 느림		엘리베이터는 멈추지 않을 거야. 만약 멈추더라도 나는 처리할 수 있을 거야.		공황/불안 없음
회의 도중 배가 아픔		회의 중에 나가기가 민망해. 화장실에 제때 갈 수 없을 거야.		공황/불안
회의 도중 배가 아픔		회의 중에 나가는 건 별문제 아냐. 언제든지 화장실에 갈 수 있어.		공황/불안 없음

표 7.3 감정이 생각에 미치는 영향의 예

감정	+	사건	=	사건에 대한 생각
외출하기 전부터 불안함		가슴 통증		심장마비가 와서 집에 돌아올 수 없을 거야.
외출하는 것이 편안함		가슴 통증		소화가 안 되거나 근육이 결려서 그럴 거야.

는 공황이 자신에게 해를 끼치지 않을 것이라고 인식하지만, 공황 상태에서는 공황이 해롭다고 확신하게 되는 이유를 설명하는 데 도움이 됩니다.

감정과 사고 주기

공황과 불안은 부정적 사고를 낳고, 부정적 사고는 공황과 불안을 낳습니다. 결국 부정적 사고와 공황 및 불안은 하나의 주기를 형성합니다. 앞서 언급한 모든 이유로 인해 공황과 불안을 유발하는 생각을 변화시키는 방법을 배우는 것이 매우 중요합니다.

부정적 사고 찾기

이 시점에서, "나는 공황을 겪을 때 아무 생각도 하지 않아. 그냥 갑자기 나타나."라고 생각할 수도 있을 것입니다. 그러나 우리의 사고에는 인식의 차원이 있습니다. 다시 말해, 어떤 때는 자신의 생각을 완전히 인식하지만, 어떤 때는 너무나 자동적이어서 무슨 생각을 하는지조차 모를 수도 있습니다. 후자의 예로 자동차 운전을 생각해 봅시다. 주차 구역에서 차를 뺄 때 수많은 생각이 듭니다(예 : 가속 페달 밟기, 브레이크 밟기, 스티어링 휠 돌리기, 어깨 너머로 보기, 천천히 빠져나오기 등). 그러나 아마도 그런 생각은 인지하지 못할 것입니다. 생각은 자주 떠올릴수록 자동화될 가능성이 높습니다. 예를 들어, 만약 공황이 심장질환을 일으킨다고 오랫동안 믿었던 사람이라면, 가슴에 미세한 떨림이 있어도 자신도 모르게 심장마비가 올지도 모른다는 생각이 자동적으로 들면서 공황이 유발될 수 있습니다. 그럼에도 불구하고,

우리는 대개 신중한 자기관찰을 통해 자동적 사고를 찾는 법을 배울 수 있습니다.

작성한 기록지 5.2 '광장공포증 상황 순위'의 각 항목을 검토하고 지난주에 기록한 공황 기록을 살펴보십시오. 광장공포증 상황에 대해 "내가 그 상황에 들어가서 머무른다면 무슨 일이 일어날까?"라고 자문해 보십시오. 공황에 대해서도 "무슨 일이 일어날 수 있다고 생각했는가?"라고 질문해 보십시오.

지금은 가능한 한 자세히 기록하십시오. 즉 "공황이 올 것 같았다."라고 하는 대신, "공황이 온다면, 난 틀림없이 심장마비로 죽을 거야."같이 마음속에 잠깐이라도 떠올랐던 여러 가지 부정적 가능성을 구체적으로 나열하십시오. 만약 당신의 생각에 대한 표현이 "나는 끔찍했어." 또는 "나는 불안할 거야."같이 대략적이라면, "왜 그렇게 끔찍했을까? 무슨 일이 일어날 수 있다고 생각했어?"라고 자문해 보십시오. 또는 통제력을 잃을 수 있다는 생각이 들었다면 "통제력을 잃으면 어떤 일이 일어날 수 있을까?"라고 자문해 보십시오. 즉 "단순히 공황이 두렵다." 또는 "어떤 상황에서 불안해지는 것이 두렵다." 또는 "기분이 나빠지거나 끔찍해질 것 같다."고 기술하지 말고 더 구체적으로 설명하십시오. 분노와 흥분과 슬픔이 감정 상태인 것과 마찬가지로 공황과 불안은 감정 상태입니다. 감정 상태는 본질적으로 위험하지 않습니다. 당신이 공황이 올까 봐 두렵다고 말하는 것은 공황이 신체적 손상(심장마비, 뇌졸중, 기절)이나 정신이상, 통제력 상실, 죽음, 따돌림이나 망신당하는 것 같은 나쁜 결과를 일으킬 것이라고 생각한다는 의미입니다. 이런 생각은 공황 주기를 촉발하는 부정적 사고, 소위 '재앙적 사고 (catastrophe)'입니다.

마찬가지로, 갇히는 것이 두렵거나 상황에서 벗어나기가 어려울 것 같다는 생각이 든다면 왜 그런 걱정이 드는지 그 이유에 대해 더 생각해 보십시오. 어떤 상황에서 벗어나고 싶은 욕구는 그 상황에 계속 머물러 있으면 나쁜 일이 일어날 것이라고 생각하는 정도와 관련이 있습니다. 두려워하는 상황에 갇힌 자신을 생각해 보고(예 : 엘리베이터에 갇히거나 장시간 비행기를 타는 상상), 그 상황을 왜 벗어나고 싶은지 자문해 보면 도움이 될 것입니다.

예를 들어, 갇히는 것에 대한 두려움은 그 상황에서 빠져나오기 위해 통제력을 잃고 소리치고 비명을 지르고 사람들을 다치게 할 수 있다는 생각 때문일 수 있습니다.

다음은 한 공황장애 환자와 치료자의 대화에서 나온 예시입니다. 치료자는 환자가 부정적 사고를 가능한 한 자세히 찾을 수 있게 돕습니다.

치료자 : 심박수가 빨라지는 느낌이 끔찍하다는 건 무슨 의미입니까? 무엇이 끔찍합니까?

채은 씨 : 음… 그 느낌 때문에 너무 무서워요.

치료자 : 무엇이 그렇게 무섭습니까?

채은 씨 : 신체적으로 무언가 잘못될까 봐 걱정입니다.

치료자 : 무슨 일이 일어날 것 같습니까?

채은 씨 : 어쩌면 제 심장이 점점 더 빨리 뛰다가 결국 멈춰 버릴지도 몰라요.

치료자 : 그런 다음에는 무슨 일이 일어날 것 같습니까?

채은 씨 : 그럼 저는 죽겠죠.

치료자 : 좋습니다. 이제 무슨 일이 일어날 수 있다고 걱정하는지 정확히 파악했습니다. 통제력을 완전히 잃는 것에 대한 두려움은 어떻습니까? 그것은 무슨 의미입니까?

채은 씨 : 설명하기 어렵군요. 무슨 의미인지 정말 모르겠습니다. 그냥 통제력을 잃을 것 같아요.

치료자 : 만약 완전히 통제할 수 없는 상태가 된다면 무슨 일이 일어날 것 같습니까?

채은 씨 : 제가 이렇게 느끼는 것을 멈출 수 없을 것 같습니다.

치료자 : 그런 느낌을 멈출 수 없다면 어떻게 될 것 같습니까?

채은 씨 : 글쎄요, 그 느낌이 너무 강렬해서 더 이상 아무것도 못할 겁니다. 전 완전히 망가지게 될 겁니다.

치료자 : 그리고 나서는 어떻게 될 것 같습니까?

채은 씨 : 그럼 제 인생이 끝나고, 저는 남은 인생을 아무것도 하지 않고 보내겠죠.

지난주 발생한 공황과 광장공포증 순위의 각 항목과 연관된 부정적 사고

1.	
2.	
3.	
4.	
5.	
6.	
7.	
8.	
9.	
10.	

를 찾기 위해 이런 식의 접근을 활용하십시오. 기록지 7.1 '부정적 사고'에 찾은 생각을 자세히 기록하십시오. 이 기록지는 복사하여 사용할 수 있습니다. 부정적 사고를 찾는 방법은 자신에게 "내가 두려워하는 것이 무엇인가?"라고 질문한 후, "만약 그런 일이 일어난다면 어떻게 될 것 같은가?" 또는 "만약 그런 일이 일어난다면 그것은 무슨 의미인가?"라고 질문하는 것입니다. 이 정도로 구체적이어야 잘못된 믿음을 무너뜨릴 수 있습니다. 그러므로 구체적인 부정적 예측을 찾을 때까지 계속 자신에게 질문하십시오.

각 광장공포증 상황과 공황 때 구체적인 생각을 찾아보고 나서 제2절로 넘어가십시오.

제 1 절	**속단하기와 현실적 확률**

인지 오류

수년간의 연구에 따르면, 우리기 불안하거나 공황에 빠지면 두 가지 사고 오류를 범한다는 것이 밝혀졌습니다. 그 오류는 부정적 사건에 대한 (1) 속단하기와 (2) 재앙화입니다. 이런 오류는 사건을 실제보다 더 위험하다고 믿게 하고 더 불안하게 합니다. 이런 인지 오류를 수정하는 방법을 배우는 것이 매우 중요합니다.

부정적 사건에 대한 속단하기

속단하기는 실제로는 가능성이 낮다는 증거가 있음에도 불구하고 어떤 사건이 발생 가능성이 높다고 믿는 것을 말합니다. 부정적 결론을 성급하게 내렸다가 나중에 그 결론이 잘못된 것임을 알게 된 경우를 생각해 볼 수 있습니까? 당신은 아마도 어떤 행사에 초대받지 못할 것이라고 확신했다가 초대를 받았던 경험이 있을 것입니다. 누군가 당신에게 화를 낼 것이라고 확신했지만 실제로는 그렇지 않았을 수도 있을 것입니다. 이것은 어떤 부정적 사건의 가능성을 과장했다는 의미입니다.

이제 당신의 공황에 관해 생각해 봅시다. 당신은 지금까지 몇 번이나 무언가 끔찍한 일이 일어날 것이라고 생각했습니까? 그리고 실제로 몇 번이나 그런 일이 일어났습니까? 대부분의 경우, 두려워했던 일은 전혀 일어나지 않거나 매우 드물게 일어났을 것입니다. 예를 들어, 지금까지 몇 번이나 정신을 잃고 쓰러질지도 모른다고 생각했습니까? 그리고 실제로 정신을 잃고 쓰러진 적은 몇 번입니까? 또는 몇 번이나 통제력을 잃고 소리를 지를 것이라고 생각했습니까? 그리고 실제로 그런 일이 일어난 건 몇 번입니까? 이런 일들이 일어나지 않는다는 사실은 당신이 성급하게 결론을 내린다는 사실을 증명합니다.

당신은 "그래, 나도 이런 일이 일어나지 않으리라는 건 알아. 하지만 그럴 가능성 때문에 여전히 무서워."라고 말할지도 모릅니다. 이런 잘못된 믿음이 왜 지속될까요? 다음에 공황이 오면 나쁜 결과가 생길 것이라고 계속 믿는 데는 몇 가지 이유가 있습니다.

아마 지금까지 실제로 두려워하는 것을 계속 회피했기 때문에 반대의 증거를 모으지 못했을 것입니다. 예를 들어, 당신은 운전 중에 통제력을 잃거나 정신을 잃을지도 모른다는 잘못된 믿음 때문에 지속적으로 고속도로 운전을 회피했습니다. 그러나 운전을 회피함으로써 그런 일, 즉 통제력을 잃거나 정신을 잃는 일이 실제로는 매우 드물게 일어난다는 사실을 확인할 기회가 없었습니다. 이것이 바로 두려움에 직면하는 것이 매우 중요한 이유 중 하나입니다.

과거 공황에서 일어났던 일이 미래의 공황에서 일어날 수 있는 일에 대한 증거가 되지 못한다고 생각할 수 있습니다. 하지만 대부분 과거 경험은 미래 경험을 예측하는 지표입니다. 예를 들어, 이때까지 여러 차례 공황을 겪었지만 한 번도 기절한 적이 없었다면 공황 때 기절할 확률은 0%입니다. 매번 공황을 겪을 때마다 기절(또는 다른 두려워하는 일)할 확률은 동일하므로 앞으로도 공황을 겪을 때 기절할 확률은 0%입니다.

또는 이전에 겪은 공황에서 무사했던 것은 전적으로 운이 좋았거나 그 당시에 당신이나 누군가가 한 행동 때문이라고 생각할 수 있습니다. 이런 식의 논리 때문에 다음에 공황이 오면 정말로 재앙이 일어날 수 있다는 믿음이 생기게 됩니다. 예를 들어, 어떤 사람들은 공황을 겪을 때 정신을 잃고 쓰러지지 않은 이유는 제시간에 앉을 수 있었거나 누군가의 도움을 받았기 때문이라고 생각합니다. 실제로는 가만히 서 있거나 도움을 받지 않았더라도 기절하지 않았을 것입니다. 다른 예로는 "내가 살아남을 수 있었던 것은 전적으로 병원에 제시간에 도착했기 때문이야.", "만약 아내가 나를 도와주러 오지 않았다면 난 틀림없이 죽었을 거야.", "만약 그때 누워서 휴식을 취하지 않았더라면 틀림없이 심장마비가 왔을 거야." 등이 있습니다. 마지막 예에서, 실제로는 증상이 얼마나 심하든, 병원 응급실에 있든 집에 있든, 혼자 있든 누군가와 같이 있든, 누워 있든 활동하고 있든 상관없이 공황을 겪을 때 심장마비가 올 실제 확률이 극히 희박하기 때문에 심장마비가 일어나지 않았던 것입니다.

때때로 사람들은 실제로는 재앙이 일어나지 않았는데도 재앙이 발생했다고 생각합니다. 예를 들면, 공황 상태와 탈출하려는 충동은 때때로 통제력을 잃었다는 증거로 받아들여집니다. (이것은 제4장에서 공황 증상에 대한 일반적인 오해를 설명할 때 다뤘습니다.) 실제로 공황 때 취하는 행동은 그 순간 가장 안전하다고 여겨지는 방안을 따릅니다. 예를 들어, 곧 숨이 멎을 것이라고 믿는다면, 바깥으로 달려가 맑은 공기를 쐴 것입니다. 만약 곧 뇌출혈이 올 거라고 믿는다면, 병원에 가는 것이 타당할 것입니다. 만약 영원히 현실감을 잃을 것이라고 믿는다면, 현실감을 되찾기 위해 자신의 볼을 꼬집거나 심지어 다른 사람의 볼이라도 꼬집을 것입니다. 잘못은 이런 행동들이 통제력을 잃었다는 증거라고 생각하는 것입니다. 오히려 이런 행동들이 공황에 대한 잘못된 믿음이 불필요한 행동을 하게 한다는 사실을 보여 줍니다.

또 다른 이유는 불안이나 신체 증상이 더 강할수록 재앙이 더 잘 일어날 것이라는 잘못된 믿음입니다. 예를 들면, "난 내가 이때까지 한 번도 현실감을 완전히 잃은 적이 없다는 걸 알아. 하지만 기분이 전보다 더 나빠지면 어떡하지? 그러면 정말 미쳐 버릴지도 몰라." 또는 "만약 심장박동이 더 빨라진다면, 그때는 심장이 터져 버릴 거야." 등입니다. 실제로는, 신체 증상의 강도가 해로움을 나타내는 지표는 아닙니다. 공황의 손상 효과는 누적되기 때문에 공황이 반복될수록 해를 끼칠 위험성이 증가한다는 생각도 유사한 믿음입니다. 예를 들면, 어떤 사람들은 공황이 일어날 때마다 심장이 손상을 입기 때문에 공황이 계속되면 결국 심장이 멈춰 버릴 것이라고 믿습니다. 이전 단락에서 설명한 바와 같이, 신체나 신경이 이런 식으로 나빠진다는 증거는 없습니다.

재앙이 일어날 것이라는 믿음이 지속되는 마지막 이유는 앞서 언급했듯이, 부정적 사고가 습관처럼 자동화되기 때문입니다. 즉 다른 때는 더없이 논리적이지만 불안해지면 습관적으로 부정적 사고가 떠오릅니다.

다음 수아 씨와 치료자 사이의 대화에서 이런 유형의 추론 중 일부를 볼 수 있습니다.

수아 씨 : 이번에는 정말 정신이상이 되어 다시는 현실감을 회복하지 못할 거라고 생각했어요. 실제로 그런 일은 한 번도 일어나지 않았지만, 언제 일어날지 모르죠.

치료자 : 왜 그런 일이 일어날 수 있다고 생각합니까?

수아 씨 : 저는 늘 그런 일을 간신히 피해 왔던 것 같아요. 그런 느낌이 들면 그 상황을 벗어나거나, 남편에게 도와 달라고 하거나, 그런 느낌이 지나갈 때까지 억지로 버티는 식으로요. 그런데 다음번에 버틸 수 없으면 어쩌죠?

치료자 : 비현실감을 느껴 정신이상이 되었던 적이 있습니까?

수아 씨 : 실제로는 제가 항상 그런 느낌을 견디거나 시간이 지나면 벗어날 수 있다고 말하고 싶은 것 같네요.

치료자 : 사실 그런 느낌을 버티거나 피하지 못한다면 정신이상이 되어 현실감을 회복하지 못할 것이라고 속단하는 것이 아닌지 궁금합니다.

수아 씨 : 하지만 저는 실제로 그렇게 될 것 같은 걸요.

치료자 : 일어날 것이라고 생각하는 것과 실제로 일어나는 일을 혼동하는 것이 바로 이 치료 단계에서 다룰 문제입니다.

증거 검토와 현실적 확률

생각은 추측이다

앞서 설명한 바와 같이, 공포와 불안은 잘못된 믿음을 갖게 하며 잘못된 믿음은 다시 공포와 불안을 유발합니다. 즉 부정적 사건에 대한 속단하기와 재앙화는 불안과 두려움을 느끼게 합니다. 변화를 위한 첫 단계는 생각을 사실이 아니라 추측으로 여기는 것입니다. 생각은 사실이 아니라 추측일 뿐이라는 것을 인식하면, 자신의 생각이 오류일 수 있으므로 증거를 검토하여 사실인지 검증해 봐야 한다는 것을 받아들이게 됩니다. 당신의 믿음을 뒷받침하는 증거가 있습니까? 아니면 없습니까? 궁극적인 목표는 좀 더 증거에 기반한 사고방식을 개발하는 것입니다. 이것은 긍정적 사고와 같지 않습니다. 긴 안목으로 볼 때, 매사에 좋은 척하며 "걱정 마, 다 잘될 거야."라는 식의 생각은 도움이 되지 않습니다. 오히려 "잠깐, 내가 잘못 생각하고 있을 수도 있어. 다음번에 공황이 오더라도 내가 죽을 확률은 매우 낮거나 아예 없을 수 있어." 또는 "다른 사람들이 내가 불안해하는 것을 알더라도 내가 생각하는 만큼 나쁘지 않을 거야."라고 하는 것이 더 도움이 됩니다.

증거에 기반한 사고

이 단락은 이 장의 뒷부분에 나오는 기록지 7.2의 기초를 형성하는 증거에 기반한 사고 과정에 대해 설명합니다. 모든 증거를 고려하고, 필요한 경우 이 워크북의 앞에서 다뤘던 부가 정보를 확보하십시오. 증거를 검토하기 위해 "이 사건이 일어날 현실적인 확률은 얼마인가? 이전에도 이것이 일어났던 적이 있는가? 일어날 것이라는 증거 또는 일어나지 않을 것이라는 증거는 무엇인가?"라고 자문해 보십시오. 이것은 어떤 일이 일어날 가능성을 판단하기 전에 모든 사실을 검토해 봐야 한다는 의미입니다. 증거를 검토하면, 어떤 부정적 사건이 일어날 가능성이 처음 생각했던 것보다 적다는 사실을 깨닫는 데 도움이 됩니다.

　예를 들어, 어떤 시험에 떨어질 것이라고 예상할 수 있습니다. 그러나 이렇게 생각하면서 그동안 열심히 준비해 왔다는 사실은 무시합니다. 또는 어떤 친구가 갑자기 차갑게 대할 때, 그가 당신에게 불만이 있다고 생각하고, 다른 사람에게 화가 났거나 일진이 나쁜 날이었을 수 있다는 가능성은 간과합니다. 공황을 겪을 때 당신은 왼팔이 저린 증상을 심장마비의 신호로 착각하고, 자신이 건강하다는 것과 이전에 심장마비가 아닌데도 여러 차례 같은 증상을 경험했다는 사실은 간과합니다. 또는 회의 도중에 공황을 일으킬까 봐 걱정하면서, 가끔 회의 때 공황이 왔지만 실제로는 공황을 겪지 않았던 회의가 훨씬 더 많다는 사실은 간과합니다.

마찬가지로, 공황 때 정신을 잃고 쓰러질 것이라고 생각할 수 있지만, 이전에 정신을 잃고 쓰러진 적이 없으며 일반적으로 공황 때 정신을 잃는 경우가 거의 없다는 사실을 간과합니다. 또는 공황 때 통제력을 잃고 소리를 지를 것이라고 생각하며, 이전에 한 번도 그런 적이 없다는 사실을 무시합니다. 또한 공황이 너무 심해져서 절대로 끝나지 않거나 영구적인 손상을 입을 것이라고 생각하지만, 그런 일이 한 번도 일어나지 않았다는 사실을 무시하고, 타고난 균형 회복 기전(부교감신경계)이 있어 공황이 영원히 지속될 수 없다는 사실을 간과합니다. 또는 당신이 공황 때 경험하는 혼동감은 곧 미친다는 것을 의미한다고 생각할 수 있습니다. 아마도 당신은 과거에 혼동감을 보이다가 정신이상이 되었던 다른 사람을 떠올렸겠지만, 그 사람과 당신은 다른 점이 너무나도 많다는 사실을 간과하고 있습니다.

증거를 검토하고 나서, 걱정하는 사건이 발생할 실제 확률을 0~100점 척도를 사용하여 평가합니다. 0~100점 척도에서 0점은 전혀 일어나지 않을 것이다, 100점은 반드시 일어난다는 의미입니다. 이 평가는 느낌이 아니라 증거에 근거해야 합니다. 그러므로 모든 데이터와 증거를 살펴보십시오. 이런 식으로 확률을 따져 보면 좀 더 증거에 기반한 사고방식을 개발하는 데 매우 도움이 됩니다. 확률을 따져 보는 것은 "그런 일이 일어날 것 같아." 또는 "그런 일이 일어나지 않을 것 같아."라고 말하는 것보다 훨씬 더 객관적입니다.

현실적 확률을 기록하고 나서 부정적 사고를 대체하는 데이터와 증거에 기반한 새로운 생각을 만드십시오. 모든 생각을 파이의 조각으로 생각해 봄

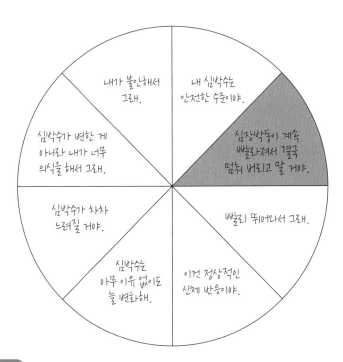

내가 불안해서 그래.

내 심박수는 안전한 수준이야.

심박수가 변한 게 아니라 내가 너무 의식을 해서 그래.

심장박동이 계속 빨라져서 결국 멈춰 버리고 말 거야.

심박수가 차차 느려질 거야.

빨리 뛰어나서 그래.

심박수는 아무 이유 없이도 늘 변화해.

이건 정상적인 신체 반응이야.

그림 7.1 현실적 확률 파이 차트의 예

시다. 그림 7.1은 심장박동이 빨라지는 것에 관한 여러 가지 다른 생각들을 보여 줍니다. 파이 차트상에서 음영 표시된 조각이 부정적 사고입니다. 부정적 사고와 대비되는 다른 생각이 많을수록 부정적 사고가 실현될 가능성이 낮음을 나타냅니다.

다음은 수아 씨와 치료자 사이의 대화로서, 부정적 사건의 증거를 살펴보는 것이 얼마나 중요한지 확인할 수 있습니다.

치료자 : 당신의 부정적 사고 중 하나는 정신이상이 되어 다시는 현실감을 회복하지 못한다는 것입니다[부정적 사건]. 이런 일이 일어날 것으로 생각하는 근거는 무엇입니까?

수아 씨 : 글쎄요, 저는 정말로 그렇게 느껴지는 것 같아요.

치료자 : 좀 더 자세히 말씀해 보시겠어요? 어떤 느낌입니까?

수아 씨 : 저는 이게 꿈 같고 현실이 아닌 것처럼 느껴집니다. 제 주변의 모든 것이 달라 보이고 제가 동떨어져 있는 것 같습니다[부정적 사건에 대한 추론].

치료자 : 그런 느낌을 정신이상이 된다는 의미로 생각하는 이유는 무엇입니까?

수아 씨 : 저도 모르겠어요, 그냥 그런 것 같아요.

치료자 : 알겠습니다. 그럼 그 생각에 대한 증거를 살펴봅시다. 그럴 때 누군가가 질문을 하면 대답을 합니까?

수아 씨 : 진료실에서는 그런 느낌이 들더라도 선생님 질문에 대답을 합니다.

치료자 : 좋습니다. 그럼 그런 느낌이 있을 때 걷거나 쓰거나 운전을 할 수 있습니까?

수아 씨 : 할 수 있어요. 하지만 그건 다른 문제 같아요.

치료자 : 그 말씀은 비현실감이 들더라도 그런 일은 할 수 있다는 것으로 들립니다. 그것은 무엇을 뜻합니까?

수아 씨 : 글쎄요, 아마 제가 완전히 미치지는 않았나 보죠. 하지만 진짜 미치면 어떡해요?

치료자 : 이때까지 그런 비현실감을 얼마나 많이 느꼈습니까?

수아 씨 : 수백 번이요.

치료자 : 그중에서 완전히 정신이상이 된 것은 몇 번이나 됩니까?

수아 씨 : 한 번도요…. 하지만 이 느낌이 사라지지 않는다면 언젠가는 정신이상이 될 거예요.

치료자 : 그렇게 될 가능성이 있다는 증거는 무엇입니까?

수아 씨 : 제 조카 얘기를 해 드릴까요? 그 애는 25세에 정신이상이 와서 지금은 완전히 엉망이에요. 그 애는 할 수 있는 일이 거의 없습니다. 지금도 정신병원을 들락거리고 있습니다. 독한 약을 한 주먹씩 먹고 있죠. 그 애가 완전히 정신이 나갔을 때 기억을 절대로 잊을 수 없을 겁니다. 혼자서 막 중얼거리면서….

치료자 : 당신은 지금 조카와 같이 될 것이라고 생각하고 있군요. 조카는 아마도 조현병인 것 같습니다만.

수아 씨 : 맞아요, 그렇게 들었어요.

치료자 : 자, 모든 증거와 가능성들을 한번 생각해 봅시다. 당신은 지금까지 수백 번도 넘게 비현실감을 느꼈습니다. 하지만 그런 느낌이 들었어도 할 일을 계속했고, 한 번도 정신이상이 되지는 않았습니다. 그리고 그 느낌은 영원히 지속된 적이 없습니다. 당신은 조카처럼 될까 봐 두려워하고 있습니다만, 그는 조현병을 앓고 있고, 공황은 조현병과는 전혀 다른 문제입니다. 비현실감의 원인이 무엇인가에 관해

지난 시간에 논의한 것을 생각해 보십시오. 비현실감은 신체적 긴장과 과호흡 때문에 생깁니다. 자, 이제 완전히 정신이상이 될 현실적 확률이 얼마나 된다고 생각합니까? 0~100점 척도로 평가해 보십시오. 0=전혀 가능성이 없다, 100=반드시 일어난다는 의미입니다.

수아 씨 : 글쎄요, 처음 생각했던 것보다는 낮은 것 같네요. 한 20 정도?

치료자 : 그건 비현실감을 다섯 번 느낄 때마다 한 번씩 정신이상이 온다는 것을 뜻하죠?

수아 씨 : 그렇게 따지면 아니겠군요. 그럴 가능성은 매우 적을 것 같아요.

치료자 : 그렇습니다. 그럼 비현실감에 대해 다르게 생각해 볼 수 있을까요?

수아 씨 : 그런 느낌은 불안감이나 과호흡 때문에 생길 수 있을 것 같아요. 제가 정신이상이 되거나 조카같이 된다는 것을 의미하지 않습니다.

확률 바꾸기

기록지 7.1 '부정적 사고'를 검토하여 속단하기(자주 걱정을 하지만 한 번도 일어난 적이 없거나 드물게 일어나는 부정적 사건에 대한 염려) 오류를 범하고 있는 예를 찾아보십시오. 그리고 나서 다음 단계들을 완성하면서 각각의 예에 대한 증거를 검토하십시오. 기록지 7.2 '확률 바꾸기'를 이용하십시오. 확률 바꾸기 기록지는 복사하여 사용할 수 있습니다.

다음 질문은 양식 작성을 통해 과정을 안내하고 추가적인 성찰을 유도하기 위한 것입니다.

1. 걱정하는 사건이 실제로 일어난 적이 있습니까?
2. 걱정을 계속하는 잘못된 이유는 무엇입니까?
   - 보다 현실적인 이해(두려워하는 결과는 일어나지 않는다)를 하는 데 도움이 되는 상황을 회피했습니까?
   - 과거 공황에서 얻은 증거는 미래 공황에 적용되지 않는다고 잘못 생각하고 있습니까?
   - 운이 좋았거나 공황 때 당신이 했던 주의행동 덕분에 부정적인 결과

가 일어나지 않았다고 잘못 생각하고 있습니까?

■ 실제로는 그렇지 않은데도, 걱정하는 부정적인 일이 이미 일어났다고 잘못 생각하고 있습니까?

■ 공황과 불안이 강할수록 부정적인 일이 일어날 가능성이 커진다고 잘못 생각하고 있습니까?

3. 증거는 무엇입니까?

■ 다음 질문을 자신에게 해 보십시오.

  a. "그것이 일어날 것이라는 증거는 무엇인가?"

  b. "그것이 일어나지 않을 것이라는 증거는 무엇인가?"

■ 당신의 행동을 당신이 가장 걱정하는 것의 증거로 착각하지 말아야 합니다. 예를 들어, 만약 호흡이 멈출 것 같다는 생각이 든다면 당장 신선한 공기를 마시기 위해 밖으로 뛰어갈 것입니다. 그러나 이런 행동을 통제력을 잃었다는 신호로 보는 것은 틀렸습니다. 불안한 생각에 따른 논리적인 행동일 뿐입니다.

■ 희박한 가능성(확률)을 높은 가능성(확률)으로 착각하고 있지 않은지, 단지 가능성일 뿐인 부정적 결과를 마치 실제로 일어날 것처럼 행동하고 느끼는 건 아닌지 생각해 보십시오.

4. 실제 확률은 얼마입니까?

■ 모든 증거를 고려해 보고 나서, 당신이 가장 걱정하는 일의 실제 확률을 평가해 보십시오.

■ 0~100점 척도로 확률을 평가합니다. 0점은 전혀 일어나지 않을 것이다, 100점은 반드시 일어날 것이라는 의미입니다.

0 —— 10 —— 20 —— 30 —— 40 —— 50 —— 60 —— 70 —— 80 —— 90 —— 100

| 전혀 없음 | 약간의 확률 | 중간 확률 | 높은 확률 | 반드시 일어남 |

5. 좀 더 증거에 기반한 다른 생각으로는 무엇이 있습니까?

■ 파이 차트를 이용하여 다른 생각을 나열합니다.

■ 파이 차트에서 부정적 사고를 한 조각(음영 표시한 조각)에 놓고,

가능한 한 많은 다른 생각을 찾아보십시오.

과제

✎ 공황 기록과 일일 기분 기록에 공황과 기분을 계속 기록하십시오. 주말마다 경과 기록에 일주일간의 공황 횟수와 일일 불안 평균 점수를 기록하십시오.

✎ 이번 주에 발생하는 공황과 기록지 7.1 '부정적 사고'의 속단하기 사례에 대해 기록지 7.2 '확률 바꾸기'를 작성하십시오.

✎ 일주일 동안 연습한 후에 이 장의 제3절을 시작하십시오.

자가평가

다음 질문에 '예' 또는 '아니요'로 답하십시오. 정답은 부록에 수록되어 있습니다.

1. 생각은 감정에 아무런 영향을 미치지 않는다.	예	아니요
2. 부정적 사고를 바꾸기 위해서는 먼저 당신이 무슨 일이 일어날 것이라고 예측하는지 가능한 한 자세히 알아내야 한다.	예	아니요
3. 속단하기는 긍정적 사건이 절대로 일어나지 않을 것이라고 믿는 것이다.	예	아니요
4. 현실적 확률에 대한 판단은 느낌이 아니라 모든 데이터와 증거를 검토한 후 내린다.	예	아니요
5. 부정적 사고가 저절로 사라지기를 바라는 것보다는 부정적 사고에 대해 생각하지 않는 것이 더 낫다.	예	아니요
6. 부정적 사고는 매우 빠르고 자동적으로 나타나기 때문에 인지하지 못할 수도 있다.	예	아니요

기록지 7.2 확률 바꾸기

부정적 사고 : _____

그런 일이 몇 번이나 일어났습니까? _____

그것을 계속 걱정하는 이유 :

　1. 회피행동 _____

　2. 과거의 증거가 적용되지 않는다는 잘못된 믿음 _____

　3. 운이 좋았거나 주의행동 덕분에 재앙이 일어나지 않았다는 잘못된 믿음 _____

　4. 가장 두려워하는 일이 실제로 일어났다는 잘못된 믿음 _____

　5. 불안이나 신체 증상이 강할수록 위험도 크다는 잘못된 믿음 _____

증거는 무엇입니까?

_____

_____

_____

현실적 확률은 얼마입니까? (0~100) : _____

_____

_____

다른 생각은 무엇입니까? (파이 차트를 작성하십시오. 불안한 생각은 파이 차트의 음영 부분에 쓰십시오.)

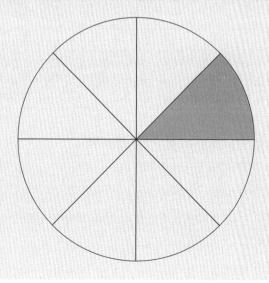

제 1 절 | 최악의 상황 직면하기와 객관적 관점으로 보기

재앙화

앞에서 속단하기에 대해 배웠습니다. 우리가 불안할 때마다 범하는 두 번째 오류는 실제로는 그렇지 않음에도 불구하고 사소한 일을 크게 부풀리거나 어떤 상황을 견딜 수 없을 만큼 끔찍하게 여기거나 '재앙'으로 생각하는 것입니다. 이 오류의 전형적인 예는, "만약 다른 사람들이 내가 매우 불안하거나 공황을 겪는 걸 알게 된다면 너무나 끔찍할 거야. 다시는 얼굴을 들고 다닐 수 없을 거야.", "만일 정신을 잃고 쓰러진다면 끔찍할 거야.", "다시 공황이 오면 난 대처할 수 없을 거야.", "내가 불안을 느낀다면 정말 끔찍할 거야." 등입니다. 그러나 잠깐만 상황을 현실적으로 검토해 본다면, 대개 처음 생각했던 것만큼 끔찍하지 않은 경우가 대부분입니다. 예를 들어, 정신을 잃고 쓰러지는 일은 극히 드물지만, 그렇게 끔찍한 일이 아닙니다. 정신을 잃고 쓰러지는 것은 실제로는 우리 몸의 기능이 '평형'을 회복하려는 적응적 기전입니다. 만약 당신이 불안해하는 것을 다른 사람이 눈치챘다고 하더라도, 일어날 수 있는 최악의 일은 다른 사람들이 어떻게 반응해야 할지 몰라 어색해하거나 동정심을 갖는 정도일 것입니다. 만약 누군가가 당신을 이상하게 생각한다고 하더라도, 일어날 수 있는 최악의 결과는 당신이 바라는 대로 다른 사람에게 평가받지 못하는 정도입니다.

증거를 검토하고 일어날 수 있는 최악의 결과를 고려해 보면, 처음 생각했던 정도로 나쁘지 않은 경우가 많습니다.

최악의 상황 직면하기와 객관적으로 생각하기

'최악의 상황 직면하기'와 '객관적으로 생각하기'란 두렵게 하는 것을 직면하면 처음 생각했던 것만큼 나쁘지 않다는 사실을 깨닫는 것을 말합니다. 이것을 달성하려면 '만약 …가 발생한다면, 얼마나 끔찍할까'에서 '…에 대한 대처 방안'을 숙고해 보는 것으로 관점을 바꿔야 합니다. 곰곰이 생각해 보면, 우리는 어떤 일이 생기더라도 어느 정도는 감당할 수 있습니다. 공포감이 아무리 크더라도 살아남을 것입니다. 아무리 당황스러운 순간이라도 결국은 지나갑니다. 걱정하는 사건이 아무리 나쁘더라도 해결책은 있는 법입니다. 다시 말해, 어떤 경우라도 대처 방안은 있기 마련이며, 아무리 최악의 상황이더라도 벗어날 수 있습니다.

예를 들어, 정말로 정신을 잃고 쓰러진다면 어떨까요? 다른 사람들이 실제로 당신이 불안정하고 긴장돼 보인다고 하면 어떨까요? 만약 비명을 질러 다른 사람들이 쳐다보면 어떨까요? 갇힌 것 같아서 실제로 방에서 뛰쳐나가면 어떨까요? 이런 질문에 대한 당신의 즉각적인 반응은 아마도 "그건 너무 끔찍할 거야." 또는 "난 견딜 수 없을 거야."일 것입니다. 그러나 이것은 재앙화 오류입니다. 각각의 상황을 자세히 따져 본다면, 실제보다 훨씬 더 나쁘게 추정했음을 알게 될 것입니다.

아마도 대처 방법이 있을 것입니다. 부정적 사건에 대처하는 방법을 브레인스토밍하는 것(문제해결이라고도 함)이, 얼마나 끔찍할지에 관해서만 생각하는 것보다 훨씬 더 도움이 됩니다. 예를 들어, 여러 사람 앞에서 정신을 잃고 쓰러졌다고 합시다. 대처 방안을 생각해 보십시오. 어떻게 하겠습니까? 쓰러졌다가 깨어날 때 무슨 일이 일어날지 상상해 보십시오. 무엇을 할 수 있겠습니까? 무슨 말을 할 수 있겠습니까? 그런 다음 무슨 일이 일어날 것 같습니까? 아마도 사람들이 당신을 도와주려고 할 것입니다. 당신은 아마 물을 좀 달라고 할 수도 있습니다. 요즘 컨디션이 좋지 않다고 할 수도 있고, 심한 감기에 걸렸다고 할 수도 있으며, 혈당이 갑자기 떨어졌다고 하거나, 스트레스가 너무 많다고 할지도 모릅니다. 원하는 대로 말할 수 있습니다! 그리고 나서는 어떻게 하겠습니까? 아마도 집에 가서 휴식을 취할 것입니다. 다음 날 사람들이 괜찮은지 물어본다면 어떻게 말하겠습니까?

중요한 것은 어떤 역경도 이겨 낼 수 있다는 것입니다. 불안을 일으키는 것은 역경을 이겨 낼 수 없다는 믿음뿐입니다. 우리는 말 그대로 죽는 날까지 어떤 일이 닥쳐도 견뎌 낼 수 있습니다. 그러면 그 이후에는 더 이상 아무런 문제도 안 됩니다. 최악의 상황 직면하기와 객관적으로 생각하기는 한 마디로 요약할 수 있습니다. "그래서 어쩌라는 거야?" (단, 이 전략은 죽음이나 사랑하는 사람을 잃는 것, 확고한 종교적 신념이나 가치에 위배되는 행동 등에는 적용되지 않습니다.)

객관적으로 생각하기의 예를 두 가지 들어 보겠습니다.

사례 1

주연 씨 : 만약 공황이 와서 정신을 잃고 쓰러진다면 무슨 일이 일어날지 모르기 때문에 저는 사람이 많은 곳을 좋아하지 않습니다.

치료자 : 이전에 정신을 잃고 쓰러진 적이 있습니까?

주연 씨 : 없습니다.

치료자 : 그럼 당신이 정신을 잃고 쓰러질 가능성이 얼마나 된다고 생각합니까?

주연 씨 : 그래요, 그럴 가능성이 별로 없지만, 그런 일이 일어난다면 저는 그곳을 벗어나야 하고, 그것 때문에 창피할 것 같습니다.

치료자 : 예전에도 그 정도로 창피했던 적이 있었습니까?

주연 씨 : 물론이죠.

치료자 : 그래서 어떤 일이 일어났나요? 창피한 건 보통 얼마 동안이나 지속됩니까?

주연 씨 : 글쎄요, 몇 분 동안 안 좋다가 사라져요. 잘 모르겠어요. 어쩌면 두어 시간 정도 지속될 수도 있어요.

치료자 : 좋습니다. 창피함에 대처하는 방법에 대해서 알게 된 것이 있나요?

주연 씨 : 창피한 건 영원히 지속되지 않는 것 같아요.

사례 2

유진 씨 : 제가 통제력을 잃고 소리치거나 비명을 지르는 것 같은 미친 짓을 할까 봐 두렵습니다.

치료자 : 최악의 상황을 떠올리고 나서 무엇이 그렇게 나쁜지 자문해 봅시다. 소리치거나 비명을 지르면 무엇이 그렇게 끔찍할 것 같습니까?

유진 씨 : 정말 수치스러울 것 같아요.

치료자 : 자, 찬찬히 한번 따져 봅시다. 대처 방법은 무엇인가요?

유진 씨 : 글쎄요, 소리치고 비명을 지르는 것을 결국 멈추겠죠.

치료자 : 맞습니다. 적어도 결국에는 지치겠죠. 또 다른 방법은요?

유진 씨 : 아마 주변 사람들에게 정말 힘든 하루를 보내고 있지만 괜찮아질 거라고 설명할 수도 있겠죠. 다시 말해, 사람들을 안심시키는 거죠.

치료자 : 좋습니다. 또 다른 방법은요?

유진 씨 : 그냥 어디론가 도망가서 진정할 곳을 찾아 최악의 상황은 지나갔다고 스스로를 안심시킬 수도 있겠죠.

치료자 : 맞습니다. 아마도 당신이 할 수 있는 다른 방법이 더 있을 것입니다.

이런 종류의 이미지나 생각에 초점을 맞추기 시작하면 불안이 증가할 수 있습니다. 그러나 두려운 이미지나 생각을 더 자주 직면하면 덜 불안하게 됩니다. 이런 이미지나 생각을 직접 직면해야만 최악의 상황이 처음 생각했던 것만큼 나쁘지 않다는 것을 깨달을 수 있습니다. 모든 일은 시간이 가면 지나가기 마련이며, 아무리 최악의 상황이더라도 항상 대처 방안은 있습니다.

요약하면, 재앙화를 할 때마다 (1) 최악의 상황을 직면하고, (2) 아무리 최악이더라도 시간이 흐르면 지나가고 대처할 수 있다는 것을 깨닫고, (3) 그 상황과 감정에 대한 대처 방안을 강구하십시오.

관점 바꾸기

기록지 7.1 '부정적 사고'로 돌아가서 재앙화의 몇 가지 예를 찾으십시오(당신이 걱정하는 것이 재앙적으로 느껴지거나 대처할 수 없다고 느껴지는 예). 그리고 나서 최악의 상황을 직면하고, 다음에 제시하는 단계에 따라 기록지 7.3 '관점 바꾸기'를 작성하면서 재앙화 사례들에 대한 대처 방안을 강구해 보십시오. 관점 바꾸기 기록지는 복사해서 사용할 수 있습니다.

가장 큰 걱정에 대처하는 새로운 방법을 개발하기 위해 다음 단계를 따르십시오.

1. 가장 걱정하는 사건을 직면합니다.
2. 걱정하는 사건이 무엇이든 영원히 지속되지 않으며 극복할 수 있다는 것을 인식합니다. (죽음이나 가까운 사람을 잃는 것, 확고한 종교적 신념

부정적 사고

이것은 지나갈 것인가, 그리고 극복할 것인가?

대처 방안

또는 가치관에 배치되는 행동은 포함되지 않습니다.)

- 다른 사고방식을 개발하여, "이것은 지나갈 것인가, 그리고 극복할 것인가?" 칸에 기록하십시오.
- 이 작업의 목표는 긍정적으로 생각하는 것이 아니라 증거에 기반한 사고라는 것을 기억하십시오.
- 예를 들어, 만약 당황스러움이나 두려움에서 절대로 벗어나지 못할 것이라고 믿는다면, 이런 감정은 일시적이라는 사실에 관해 생각해 보고, 실제로 회복될 것이라는 사실을 깨달으십시오.
- 어떤 일이 일어나더라도 극복할 수 있으며, 그것이 무엇이든 가장 걱정하는 일은 영원히 지속되지 않는다는 사실을 깨닫는 것이 일반적인 목표입니다.

3. 대처 방안을 만듭니다.
- '만약 어려운 상황이 발생한다면, 얼마나 나쁠까'에서 '그 어려운 상황에 대한 대처 방안'을 생각해 보는 것으로 초점을 바꾸고, 실제 대처 단계를 나열하십시오.

사고기법 활용

때때로 부정적 사고는 속단하기나 재앙화 중 한 가지 오류에만 근거할 수 있는데, 이 경우에는 한 가지 오류만 다룹니다. 그러나 때로는 두 가지 오류가 모두 존재할 수 있는데, 이런 경우 속단하기를 피하기 위해 증거를 검토하여 현실적 확률을 따지고 다른 증거에 기반한 사고방식을 만듭니다. 그리고 재앙화에 대해서도 객관적으로 생각하기 위해 최악의 상황을 직면하고, 아무리 나쁜 상황이라도 시간이 지나면 해결되며 대처할 수 있다는 사실을 깨달으며, 그 상황과 감정에 대처하는 사고방식을 강구합니다.

처음에는 이런 시도가 인위적으로 느껴지더라도 좌절하지 마십시오. 이 프로그램의 다른 기법들과 마찬가지로, 부정적 사고를 변화시키는 법을 배우려면 연습이 필요합니다. 반복해서 연습하면 점점 쉬워지고 새로운 사고방식이 더 자연스러워질 것입니다. 부정적 사고를 찾고 증거를 검토하거나 최악의 상황에 직면하는 과정을 모두 거치지 않더라도 자동적으로 덜 부정적으로 생각하게 될 정도로 매우 자연스러워질 것입니다.

또한 사고기법의 주된 목표는 불안을 '완전히' 없애는 것이 아닙니다. 사고기법은 불안을 유발하는 상황과 대상을 계속해서 직면할 수 있도록 생각에 깃들어 있는 오류를 바로잡는 것이 목적이며, 이 과정을 통해 결국 불안이 가라앉게 됩니다.

사고기법 요약

첫 번째 단계는 어떤 상황에서 가장 걱정되는 일이 무엇인지 자세히 파악하는 것입니다.

속단하기 오류를 범하는 걱정(드물거나 전혀 일어나지 않는 부정적 사건을 계속 걱정함)의 경우, 확률 바꾸기 단계는 다음과 같습니다.

1. "가장 걱정하는 사건이 실제로 일어난 적이 있는가?"라고 질문합니다.
2. 걱정을 계속하는 이유를 생각해 보십시오.
3. 모든 증거를 검토합니다.
4. 현실적 확률을 따져 봅니다.
5. 좀 더 증거에 기반한 다른 생각을 나열하십시오.

재앙화 오류를 범하는 걱정의 경우, 객관적으로 생각하기의 단계는 다음과 같습니다.

1. 마치 최악의 상황이 실제로 일어난 것같이 그 상황을 직면합니다. 그러고 나서 아무리 최악의 상황이라고 하더라도 극복할 것이라는 사실을 깨닫습니다.
2. 걱정하는 부정적 사건이 일어난다면 얼마나 나쁠까에 관한 생각에서 그 사건에 관한 대처 단계를 생각해 보는 것으로 초점을 바꾸십시오.

과제

✎ 공황 기록과 일일 기분 기록에 공황과 기분을 계속 기록하십시오. 주말마다 경과 기록에 일주일간의 공황 횟수와 일일 불안 평균 점수를 기록하십시오.

✎ 부정적 사고 목록의 재앙화 사례들에 대해 관점 바꾸기 연습을 하십시오.

✎ 일주일간 발생한 공황에 대해 확률 바꾸기와 관점 바꾸기를 연습하십시오.

✎ 일주일 후에 제4절을 시작하십시오.

자가평가

다음 질문에 '예' 또는 '아니요'로 답하십시오. 정답은 부록에 수록되어 있습니다.

1. 내가 공포감에 휩싸이고 쓰러지는 것을 걱정하는 것은 이런 일이 실제로 일어날 것이라는 의미이다.	예	아니요
2. 이런 생각을 하는 사람은 아무도 없다. 나는 미친 것이 틀림없다.	예	아니요
3. 최악의 결과에 관해 생각하면 처음에는 불안하겠지만, 최악의 결과에 관해 더 생각하고 객관적으로 생각하다 보면 차츰 덜 불안할 것이다.	예	아니요
4. 부정적 사고를 찾고 변화시키는 것은 쉽다. 많은 연습이 필요하지 않다.	예	아니요
5. 공황은 영원히 지속되지 않는다. 시간이 지나면 사라지고 충분히 다스릴 수 있다. 아무것도 하지 않더라도 저절로 사라진다.	예	아니요

사고기법 연습 검토

불안이나 공황이 올 때마다 부정적 사고를 자세히 찾을 수 있었습니까? 부정적 사고를 속단하기나 재앙화 등으로 분류했습니까? 증거를 검토하여 현실적 확률을 따질 수 있었습니까? 최악의 상황에 직면하여 아무리 힘든 상황과 감정도 시간이 지나면 사라지기 마련이며 항상 대처 방법이 있다는 사실을 깨닫고 객관적으로 생각할 수 있었습니까? "그래서 어쩌라는 거야?"라고 말할 수 있었습니까? 생각을 검토하고 바꾸는 것은 처음에는 인위적이고 억지스럽게 느껴질 수도 있지만, 연습을 할수록 훨씬 더 자연스러워질 것입니다. 이것은 새로운 언어를 배우는 것과 같습니다. 처음에는 힘들고 부자연스러워 보이지만, 연습을 반복하면 더 자연스러워집니다.

부정적 사고에 대해 사고기법을 연습하는 목적은 불안이나 신체 증상을 즉각 없애는 것이 아닙니다. 이 작업은 공포와 불안의 악순환을 일으키는 잘못된 생각(즉 속단하기와 재앙화)을 수정하는 것이 목적입니다. 예를 들어, 당신이 어지러움과 공포감을 느끼기 시작했다고 가정해 봅시다. "이 어지러움 때문에 쓰러질 것 같아."라는 부정적 사고가 떠오릅니다. 사고기법을 사용하여 "나는 이전에도 어지러움을 많이 느꼈었지만 한 번도 정신을 잃고 쓰러진 적은 없었어. 정신을 잃고 쓰러질 가능성은 거의 없어. 어지러움은 아마도 호흡이나 불안 수준의 변화 때문에 생기는 불편한 증상일 뿐이야."라고 깨닫습니다. 그리고 나서도 여전히 어지러움을 느낄 수 있습니다. 그러나 신체 증상이 지속된다는 것이 곧 사고기법이 실패했다는 의미는 아닙니다. 어지러운 느낌이 해롭지 않다는 새로운 분석은 여전히 정확합니다. 단지 어지러움이 가라앉는 데 시간이 조금 걸릴 뿐입니다. 이와 연관하여, 어떤 신체 증상은 불안감이나 두려움과 상관없이 나타나기도 합니다. 사람들은 누구나 비틀거리거나 숨이 가쁘거나 어찔하거나 몸이 떨리거나 가슴이 뛸 때가 있습니다. 다시 말해서, 아무리 사고기법을 완벽하게 사용하더라도, 때때로 공황을 떠올리게 하는 신체 증상을 느낄 때가 있을 수 있습니다.

또한 'don't worry, be happy' 증후군을 조심하십시오. 예를 들어, 어지러움을 느낄 때, "괜찮을 거야. 나는 평정심을 잘 유지하고 있어. 아무런 일도 일어나지 않을 거야."라고 하는 사람과 "내가 두려워하는 게 뭐지? 나는 정신을 잃고 쓰러질까 봐 두려워하고 있어. 내가 정신을 잃고 쓰러질 가능성이 얼마나 될까? 나는 이전에도 이런 느낌을 여러 번 느꼈지만 한 번도 쓰러진 적이 없었어. 나는 지금 정신을 잃고 쓰러질 위험성에 대해 속단하기를 하고 있어. 이 느낌은 사라질 거야."라고 하는 사람을 비교해 보십시오. 첫 번째 사람은 임시방편으로 해결을 시도하고 있습니다. 그러나 이런 방식은 장기적으로는 실질적인 효과가 없습니다. 두 번째 사람은 자신의 생각을 검토하고 실제 증거에 기반한 새로운 사고 방식을 모색하고 있습니다. 이것은 장기적으로 효과적인 대처 방식입니다.

마지막으로, 당신은 새로운 기법을 배우고 있는 중입니다. 그러므로 새로운 사고방식이 옛날 사고방식보다 더 강력해지기 위해서는 시간이 걸립니다. 즉 오래된 습관은 쉽게 사라지지 않습니다. 이런 이유 때문에 이전에 증거를 찾고 객관적으로 생각하는 데 성공했더라도 오래된 부정적 사고가 다시 나타나는 것은 드문 일이 아닙니다. 그 오래된 부정적 사고를 처음과 같은 방식으로 수정하십시오. 즉 어떤 부정적 사고가 떠오를 때마다, 비록 같은 생각이 계속되더라도, 증거를 찾고 최악의 경우에 직면하고 객관적으로 생각하는 전략을 반복하십시오. 반복을 통해 새로운 사고방식이 더 강력하고 자연스러워질 것입니다.

극심한 공황의 두려운 기억 다스리기

과거의 사건에 큰 중요성을 부여할수록(예 : 어떤 사건을 끔찍한 사건이었다고 생각할 때) 그 사건은 더 쉽게 기억됩니다. 또한 더 자주 기억하는 사건일수록 앞으로 다시 기억할 가능성이 높습니다. 두려운 기억은 미래의 연관된 사건을 두렵게 여기도록 합니다. 그래서 만약 당신이 지금까지 겪은 최악의 공황을 이해할 수 없는 끔찍하고 무시무시한 경험으로 여기고, 그것을 떠올리는 것조차 두려워한다면, 그 기억은 아마도 앞으로 겪을 공황에 대한 불안을 유발할 것입니다.

대부분의 공황장애 환자들은 자신이 겪은 공황에 대해 두려워하는 대신 공황을 이해하는 법을 배우고 나면 앞으로 겪을 공황에 대해 덜 불안하고 초조하게 됩니다. 이런 변화는 과거에 겪은 공황을 객관적으로 생각하는 접근 방식에서 기인합니다.

이를 위해 먼저 최악의 공황을 떠올리고, 가능한 한 자세히 그때의 정황, 즉 사람, 장소, 소리, 색깔, 주변 물체 등을 기억해 보십시오. 그 장면을 지켜보는 것이 아니라, 그 장면 속에 들어가서 가능한 한 생생하게 연상하십시오. 그 당시에 어떻게 느꼈는지 떠올려 보십시오. 그 사건에 관해 생각하면 매우 불안하거나 두려워질 수도 있을 것입니다. "그 사건을 떠올리기조차 싫어.", "다시는 그런 일을 겪고 싶지 않아.", "나는 그때 거의 죽을 뻔했어.", "내가 살아 있는 건 행운이야." 등의 생각이 떠오른다면 다음과 같은 훈련이 필요하다는 좋은 지표입니다.

당신이 겪은 최악의 공황을 다시 떠올리고, 특히 당시의 느낌에 주목해 보십시오. 되돌아보면서 공황의 촉발 요인이 무엇이었는지 확인하십시오. 무엇이 촉발 요인이었습니까? 신체 증상이었습니까? 부정적 사고였습니까? 심한 스트레스를 받고 있을 때였습니까? 당신은 어떻게 반응했습니까? 처음 일어난 것은 무엇이었습니까? 부정적인 생각이 들었습니까? 그리고 그 생각이 더 많은 신체 증상을 유발했습니까? 단계적 분석을 활용하여 살펴보십시오. 속단하기 오류를 범하였습니까?(예 : "나는 곧 죽을 거야.") 재앙화 오류를 범했습니까?(예 : "모든 사람이 알아차리고 내가 미쳤다고 생각할 거야.") 그런 다음에는 무슨 일이 일어났습니까? 더 두려워졌습니까? 그때 당신은 어떻게 하였습니까? 병원에 갔습니까, 아니면 탈출하려고 하거나, 도움을 청하거나, 드러누웠습니까? 이것이 어떻게 공황 주기를 가속시켰습니까? 그리고 실제 결과는 무엇이었습니까? 다시 말해, 죽지 않고 무사하였습니까? 아니면 통제력을 잃거나 미쳤습니까? 목표는 당신이 겪은 최악의 공황을 객관적인 태도로 검토하여 더 잘 이해하는 것입니다. 다시 말해, 공황이 발생한 이유는 예컨대 당신이 비정상적인 신체 증상을 느꼈고, 무언가 심각한 이상이 있다는 부정적인 생각을 했으며, 이로 인해 심한 두려움에 빠졌다고 깨닫는 것입니다. 또한 결국에는 심각한 이상은 아무것도 없으며, 최악의 결과는 당신이 두려워진 것뿐이라는 사실을 이해하는 것입니다.

최악의 공황을 떠올려도 더 이상 불안감을 느끼지 않을 때까지, 최악의 공황이 일어난 이유를 이해할 때까지, 그리고 당신이 무사했다는 사실을 깨달을 때까지 최악의 공황을 다시 떠올리는 연습을 계속하십시오. 우리는 이것을 과거 사건 처리라고 합니다. 이것의 목표는 과거 사건에 대해 덜 괴로운 기억을 갖게 함으로써, 다음에 같은 일이 일어나더라도 덜 불안해지는 것입니다.

과제

✎ 공황 기록과 일일 기분 기록에 공황과 기분을 계속 기록하십시오. 주말마다 경과 기록에 일주일간의 공황 횟수와 일일 불안 평균 점수를 기록하십시오.

✎ 일주일 동안 공황을 겪으면 확률 바꾸기와 관점 바꾸기 중 한 가지(또는 둘 다)를 작성하는 연습을 계속하십시오.

✎ 단계적 분석을 활용하여 최악의 공황을 떠올리는 연습을 하십시오.

자가평가

다음 질문에 '예' 또는 '아니요'로 답하십시오. 정답은 부록에 수록되어 있습니다.

1. 부정적 사건에 대해 현실적 확률을 매겨 보는 것은 그런 부정적 사건이 항상 일어날 수 있다는 것을 깨닫기 위함이다.	예	아니요
2. 모든 속단하기 오류에 대해 최악의 시나리오와 대처 방법을 생각해 봐야 한다.	예	아니요

3. 사고기법의 목표는 불안 자체를 없애는 것이 아니라 불안을 일으키는 생각을 처리하는 것이다.	예	아니요
4. 당신이 겪은 최악의 공황을 떠올려서 당시에 어떤 일들이 연쇄적으로 일어났는지를 파악하는 것은 절대로 해서는 안 된다.	예	아니요

PART 3

두려운 증상과 상황에 대한 노출

이 프로그램의 제3부에서는 새로운 대처기술을 사용하여 두려운 신체 증상과 광장공포증 상황을 직면하기 시작할 것입니다. 또한 치료에 다른 사람을 어떻게 참여시킬지 고려할 것입니다.

신체 증상 직면하기

목표

- 신체 증상 직면의 중요성을 이해한다.
- 신체 증상을 적절하게 직면하는 법을 배운다.
- 신체 증상 직면에서 배운 것을 검토한다.
- 신체 증상과 일상 활동 직면을 계속한다.

이 장을 완료하는 데는 몇 주(예 : 7주)가 걸립니다. 그러나 실제 시간은 불안을 유발하는 신체 증상 및 일상 활동의 수와 그 진전 속도에 따라서 달라질 수 있습니다.

제 1 절 │ **신체 증상 직면하기**

신체 증상을 직면하는 이유

지금까지 배운 바와 같이, 공황장애의 핵심은 신체 증상에 대한 공포입니다. 당신은 신체 증상에 대한 생각을 변화시키는 방법을 배우고 있습니다. 이제 신체 증상을 직접 직면하여 증상이 해롭지 않다는 것을 배울 수 있으며, 증상과 불안을 다스릴 수 있고, 결국 신체 증상에 대한 불안이 줄어들 것입니

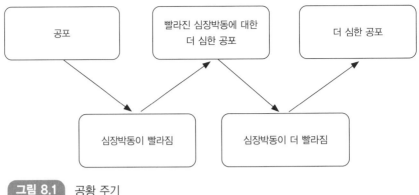

그림 8.1   공황 주기

다. 신체 증상은 불안과 공포의 자연적인 결과이기 때문에, 신체 증상을 두려워하면 어떻게 더 많은 신체 증상을 유발하는지 앞에서 논의했습니다. 이것은 그림 8.1에 표시된 공황 주기의 일부입니다.

앞서 언급한 바와 같이, 신체 증상에 대한 공포가 지속되는 원인은 다음과 같습니다.

- **회피행동**(예 : 신체 증상을 없앨 수 있는 어떤 행동을 하거나 신체 증상이 생길 것 같은 장소를 회피합니다.)
- **잘못된 믿음**(예 : 신체 증상은 곧 죽거나 통제력을 잃거나 미치는 것을 의미한다고 생각합니다.)
- **내부 감각 조건화**(즉 자신의 신체가 공황이 시작되는 신체적 감각에 매우 민감합니다.)

치료에서 이 단계의 목표는 불안을 유발하는 신체 증상을 직접 직면하고(즉 회피를 줄임), 잘못된 믿음을 보다 현실적인 생각으로 대체하고, 내부 감각 조건화를 차단하는 것입니다. 이것을 실행하기 위해, 먼저 불안과 공황의 전형적인 신체 증상과 유사한 증상을 일으키는 몇 가지 운동을 활용해서 어떤 신체적 증상이 불안을 유발하는지 파악합니다. 다음으로, 증상을 유발하는 운동을 적절한 방법으로 충분히 반복하여 그 증상이 해롭지 않고, 대처할 수 있으며, 조건화를 중단시킬 수 있다는 것을 배웁니다.

당신의 일상생활에서 일어나는 일은 신체 증상에 대한 직면과는 거리가 있을 것입니다. 당신은 아마도 불안한 신체 증상을 없애기 위해 눕거나, 주의분산을 하거나, 장소를 벗어나는 등 가능한 모든 시도를 할 것입니다. 이러한 행동은 회피이며, 신체 증상이 해롭지 않다는 것을 깨닫지 못하게 합니다. 그러므로 우리는 당신이 지금까지 일상적으로 하던 것과 반대로 행동할 것입니다.

시작하기 전에 먼저 의학적 문제에 관해 잠깐 설명하겠습니다. 이 장에 제시된 대부분의 증상 운동은 상대적으로 가벼운 강도입니다. 우리는 마라톤을 뛰라고 하지는 않습니다. 그러나 일부 운동은 특정한 의학적 질병을 가진 사람에게는 무리한 강도일 수 있습니다. 따라서 지난 12개월간 건강검진을 받은 적이 없다면, 의학적 평가를 받아 보기를 권합니다. 만약 의학적 질환(뇌전증, 고혈압 등)을 앓고 있는 상태에서 공황장애가 병발했다면, 이 증상 유발 운동을 의사의 감독하에 실시하기를 권합니다. 예를 들면, 의사가 증상 운동 목록을 검토해서 어떤 운동을 허용할지 결정하게 합니다. 마찬가지로, 천식 환자나 임산부도 이 운동에 대한 의사의 허가를 받아야 합니다.

증상 평가

다음은 증상을 유발하는 운동 목록입니다.

1. 제자리 뛰기 : 무릎을 가능한 한 높이 올리면서 2분간 제자리 뛰기를 합니다. 심장박동이 빨라지고 숨 가쁨을 유발합니다.

2. 회전하기 : 1분간 계속 돕니다. 책상의자처럼 회전이 가능한 의자가 있다면 이상적입니다. 회전의자가 없으면 일어나서 제자리에서 어지러움을 느낄 만큼 빠르게 회전하십시오(3초에 한 번씩). 1분간 회전하고 나서 앉을 수 있도록 부드러운 의자나 소파 가까이에서 하십시오. 이 운동은 어지러움이나 구역질을 유발합니다.

3. 과호흡하기 : 마치 풍선을 불듯이 1분간 힘껏 깊고 빠르게 호흡합니다. 이 운동을 할 때는 앉으십시오. 과호흡은 비현실감이나 숨 가쁨, 저린

느낌, 춥거나 더운 느낌, 어지러움, 두통 등을 유발합니다. 사실은 제6 장에서 공황에 과호흡이 어떤 역할을 하는지 확인하기 위해 이미 이 운동을 시도했던 적이 있습니다. (만약 뇌전증이나 심폐질환이 있다면 이 운동을 하지 마십시오.)

4. 빨대로 숨 쉬기 : 가는 음료수 빨대로 2분간 숨을 쉽니다. 이 운동은 공기가 충분하지 않다는 느낌을 유발합니다.

5. 응시하기 : 거울 속에 비친 자신의 모습을 2분간 응시합니다. 비현실감을 유발할 만큼 뚫어지게 응시하십시오.

6. 머리 숙였다 들기 : 30초간 양다리 사이로 머리를 숙이고 있다가, 갑자기 머리를 들고 바로 앉습니다. 이 운동은 어찔한 느낌이나 피가 머리에서 빠져나가는 느낌을 유발합니다.

7. 온몸에 힘주기 : 1분 동안 온몸에 힘을 줍니다. 팔과 다리, 배, 등, 어깨, 얼굴 등 모든 부분을 긴장시키십시오. 이것은 근육 긴장과 쇠약감, 떨림을 유발합니다.

각 운동을 마친 후에 다음 사항을 실시하십시오.

■ 당신이 느낀 모든 증상을 쓰십시오.
■ 그 증상들에 대한 불안 정도를 0~10점 척도로 평가하십시오(0＝없음, 5＝중간, 10＝극심함).

각 증상들이 실제 공황 때 느꼈던 증상과 얼마나 유사한지 평가하십시오 (0＝전혀 유사하지 않음, 10＝아주 유사함).

이제, 각 운동을 실시하고 나서 기록지 8.1 '증상 평가'를 작성하십시오. 기록지는 복사하여 사용할 수 있습니다.

다음은 각 운동에 대한 정민 씨의 반응입니다.

1. 제자리 뛰기 : 45초 후에 중단했습니다. "멈춰야 할 것 같았어요. 심장이 빨리 뛰고, 땀이 나면서 숨이 찼어요. 저는 대개 어떤 운동이건 피하

0 —— 1 —— 2 —— 3 —— 4 —— 5 —— 6 —— 7 —— 8 —— 9 —— 10
없음　　　　약함　　　　중간　　　　강함　　　　극심함

운동	증상	불안 수준 1~10	유사성 1~10
제자리 뛰기			
회전하기			
과호흡하기			
빨대로 숨 쉬기			
응시하기			
머리 숙였다 들기			
온몸에 힘주기			
기타			
기타			

려고 해요." 정민 씨는 이 운동이 유발한 증상이 매우 강했다고(8) 평가했습니다. 공황 때 겪은 증상과 아주 유사했으며(7), 처음에는 상당한 불안을 느꼈다고(6) 평가했습니다.

2. 회전하기 : 30초 후에 중단했습니다. "아이고, 진짜 어지러워요. 방이 빙빙 돌고, 저도 돌아요. 심장이 빨리 뛰고 땀이 나네요. 이제 좀 안정이 되는군요." 증상이 아주 강했고(9), 공황 때 느낀 증상과 비슷했으며(7), 불안을 유발했습니다(5).

3. 과호흡하기 : 25초 후에 중단했습니다. "엄청 덥고 땀이 나고 얼굴이 따끔거리고 어찔해요. 숨을 크게 쉬어야 할 것 같아요." 이 운동은 증상들을 유발했는데, 정민 씨는 이 증상들이 매우 강하고(9), 실제 공황과 유사하며(7), 매우 불안하게 만들었다고(8) 평가했습니다.

4. 빨대로 숨 쉬기 : 35초 후에 중단했습니다. "계속할 수 없을 것 같아요. 심호흡을 해야 할 것 같아요." 정민 씨는 증상이 강하고(6), 공황 증상과 유사했으며(4), 다소 불안했다고(5) 평가했습니다.

5. 응시하기 : "이상해요. 공황에서 막 벗어날 때 느끼는 공허한 느낌과 비슷해요. 이런 느낌이 너무 싫어요." 정민 씨는 증상은 중간 강도였고(5), 공황 증상과 유사했으며(4), 약간의 불안을 유발했다고(4) 보고했습니다.

6. 머리 숙였다 들기 : "약간 어지럽고, 어찔했어요. 이번에는 그렇게 심하지는 않았어요." 그녀는 전혀 두렵지 않았고(0), 공황 증상과 그다지 유사하지 않았으며(2), 증상의 강도도 약했다고(2) 평가했습니다.

7. 온몸에 힘주기 : "몸이 조금 떨리고 기운이 빠져요." 증상은 상당히 강했지만(6), 불안을 유발하지는 않았으며(1), 유사성도 낮았습니다(1).

이제, 기록지 8.1 '증상 평가'를 살펴보십시오. 유사성 평가가 2점 이상인 운동에 별표(*) 하십시오. 그런 다음 별표를 한 운동의 불안 수준에 따라 순위를 매기십시오(1 = 가장 낮은 공포감, 2 = 두 번째 낮은 공포감 등). 불안 순위가 가장 낮은 운동부터 반복 훈련을 시작할 것입니다.

만약 증상의 불안 수준이 모두 2점 미만이라면 다음과 같은 원인과 해결

책을 생각해 볼 수 있습니다.

- 이 운동으로는 두려워하는 증상이 유발되지 않았을 수 있습니다. 만약 그렇다면, 가장 유사한 증상을 유발할 수 있는 다른 운동을 창의적으로 찾아보십시오. 예를 들어 시각 증상을 두려워한다면, 밝은 불빛을 30초간 쳐다보고 나서, 빈 벽을 쳐다보면 불빛의 잔상이 보입니다. 또 다른 운동은 덥고 답답한 방에 5분간 앉아 있는 것입니다. 지금쯤 어떤 증상이 가장 고통스러운지 알아야 하며, 그 증상을 유발하는 방법을 창의적으로 만들어 보십시오. 이 단계의 목표는 안전한 한도 내에서 가장 걱정되는 증상을 일부러 유발하는 것입니다. 이런 운동을 증상 평가 기록지의 '기타'란에 기록하고 연습해 보십시오.

- 강한 증상을 예상하고 너무 일찍 운동을 중단했을 수 있습니다. 예를 들면, 회전하기를 시도하다가 넘어지는 느낌이 들면서 10초 만에 중단했을 수 있습니다. 그렇다면, 그 운동을 더 길게 반복하십시오.

- 지금까지 훈련 결과로 증상에 대한 불안을 실제로 극복했을 수 있습니다. 그렇다면, 이후에 설명된 연습을 계속하기를 권합니다. 과잉 학습은 장기적으로 결국 도움이 됩니다.

- 운동을 하는 환경이 너무 안전하게 느껴져 신체 증상이 두렵지 않았을 수 있습니다. 만약 그렇다면, 혼자 있을 때 또는 덜 안전하게 느끼는 장소에 있을 때 운동을 해 보십시오. 일부 환자들은 혼자서 증상 운동을 해야 한다면 더 두렵다고 합니다. 이들은 누군가와 함께 있으면 무슨 일이 생기더라도 도움을 받을 수 있기 때문에 안전하게 느낍니다. 이러한 두려움은 혼자 있을 때 증상이 발생하면 실제로 위험에 처할 것이라는 잘못된 믿음에 근거하고 있습니다. 사실 이런 운동을 혼자 하는 것은 다른 사람과 함께 하는 것보다 더 위험하지 않습니다.

- 증상이 운동 때문에 생기며, 운동이 끝나면 증상이 사라진다는 사실을 알기 때문에 불안감이 감소했을 수 있습니다. 이 역시 설명할 수 없는 증상이 반드시 해롭다는 잘못된 믿음에 근거한다는 점에 유의하십시오. 이 경우에는 뚜렷한 이유 없이 발생하는 증상에 대한 두려움을 다스리는

데 도움이 되므로 증상 유발 운동을 계속 연습하십시오.

신체 증상에 대한 반복 연습

반복 연습의 목표는 다음과 같은 사실을 새롭게 배우는 것입니다.

- 신체 증상과 불안 자체는 해롭지 않다.
- 증상과 불안을 다스릴 수 있다.

결과적으로, 신체 증상에 대한 불안은 (당장은 아니더라도) 결국 감소할 것입니다.

증상 평가 운동 중 어느 정도 유사성이 있다고 평가한(유사성이 2점 이상) 운동을 연습할 것입니다. 유사성이 있는 운동 중에서 0~10점 척도상 불안 점수가 3점 이상인 운동을 확인하고, 그중 불안 점수가 가장 낮은 운동부터 시작하십시오(불안 점수가 2점 이하인 운동은 신경 쓰지 마십시오).

만약 벤조디아제핀계 약물(자낙스®, 리보트릴® 등)을 필요할 때마다 복용 중이라면, 신체 증상에 대한 노출을 시작하기 전에 약을 복용하고 싶을 수도 있을 것입니다. 만약 약을 복용하지 않고는 증상 운동을 할 수 없다면 당연히 약을 복용해도 됩니다. 그러나 궁극적으로는 약을 복용하지 않고 두려움과 증상을 직면하는 것이 중요합니다(이것은 제11장에서 다룹니다).

이 훈련의 목표는 증상을 직면하는 것뿐 아니라 증상 발현 초기에 동반되는 공포와 불안을 직면함으로써 증상과 공포 및 불안을 다스릴 수 있다는 것을 배우는 것입니다. 특히 반감기가 짧은 벤조디아제핀계 약은 실제로는 공포와 불안을 경험하지 못하게 할 수 있으며, 이런 약을 복용하는 것은 회피의 한 형태일 수 있습니다.

다음은 신체 증상에 대한 반복 연습 지침입니다.

1. 증상 운동을 할 때 가장 큰 걱정이 무엇인지(또는 무슨 일이 일어날지가 가장 걱정인지) 결정하고 기록지 8.2 '증상 직면'에 기록하십시오.

이것은 정신을 잃고 쓰러지는 것 같은 구체적인 결과일 수도 있고, 불안을 다스릴 수 없을 것이라는 생각일 수도 있습니다. 발생하지 않았다는 사실을 단정적으로 말할 수 있고 검증할 수 있는 내용을 가능한 한 자세히 쓰십시오. 그런 다음, 가장 큰 걱정이 현실화될 가능성을 0~100점 척도로 평가하십시오(0＝전혀 일어나지 않음, 50＝일어날 수도/일어나지 않을 수도 있음, 100＝반드시 일어남). 기록지는 복사해서 사용할 수 있습니다.

2. 운동을 시작하십시오. 처음 증상을 느낀 시점부터 적어도 30초간 더 운동을 합니다. 처음 신체 증상을 느낀 시점을 지나서 계속 운동하면 그 증상과 불안이 해롭지 않고 단지 불쾌할 뿐이며, 당신이 다스릴 수 있다는 것을 알 수 있습니다.

3. 최대한 강하게 증상을 유발하십시오. 운동을 약하게 하거나 주저하면서 증상을 회피하지 마십시오. 예를 들어, 회전하기의 경우 멈추지 말고 계속 회전해야 합니다. 과호흡의 경우 숨을 힘껏 내쉬고 호흡 속도가 빠른지 확인하십시오.

4. 운동과 느낌에 객관적으로 집중하십시오. 운동 중에는 충분한 시간이 없고, 신체 증상을 직접 느끼는 것이 더 중요하기 때문에 호흡법과 사고기법 같은 대처기술은 운동 중이 아니라 운동 후에 사용하십시오.

5. 제시된 시간이 다 되면 운동을 멈춘 후, 기록지 8.2 '증상 직면'에 다음 내용을 기록하십시오.
   - 가장 걱정하던 결과(부정적 사고)가 일어났는가?
   - '첫 번째 운동' 칸에 최고 불안 수준(0~10)

6. 이제 대처기술을 사용하십시오. 운동이 끝나면 느린 복식호흡을 10회 한 후, 사고기법으로 옮겨 가 다음 질문들에 답하십시오.
   - 지금 가장 걱정되는 결과는 무엇인가?
   - 그것이 일어날 현실적 확률은 얼마인가?
   - 이런 증상과 불안에 대처하기 위해 무엇을 할 것인가?
   "멈춰야 해. 이런 느낌을 감당할 수 없어." 같은 부정적 사고를 주의하십시오. 그것은 두려움에 근거한 예측일 뿐입니다. 실제로는 증상을

기록지 8.2 **증상 직면**

날짜 : _____

증상 운동 : _____

부정적 사고(즉 이 증상 운동으로 가장 걱정되는 결과) :

_____

첫 번째 운동

가장 걱정되는 결과가 일어났습니까? (예/아니요) : _____

불안 최고치(0~10) : _____

두 번째 운동

가장 걱정되는 결과가 일어났습니까? (예/아니요) : _____

불안 최고치(0~10) : _____

세 번째 운동

가장 걱정되는 결과가 일어났습니까? (예/아니요) : _____

불안 최고치(0~10) : _____

```
0 —— 1 —— 2 —— 3 —— 4 —— 5 —— 6 —— 7 —— 8 —— 9 —— 10
없음          약함          중간          강함          극심함
```

연습을 마치고 나서 다음 질문에 답하십시오.

무엇을 배웠습니까?

_____

무슨 일이 일어날 것으로 예상했고, 실제로는 무슨 일이 일어났습니까?

_____

무엇을 성취했습니까?

_____

다스리고 운동을 계속할 수 있습니다. 만약 증상이 더 심해지거나 오래갈 것 같고, 그로 인해 하루 일과에 영향을 미칠지 걱정이 된다면, 현실적 확률과 최악의 경우 직면하기 및 대처 방안을 다시 검토하십시오.

7. 증상이 멈출 때까지 기다린 후, 1~6단계를 2회 더 반복합니다. 반복 운동이 끝날 때마다 증상 직면 기록지의 '두 번째 운동'과 '세 번째 운동' 칸에 기록을 합니다.

8. 3회 운동을 마치고 나서, 이 연습을 통해 무엇을 배웠는지 그리고 예상했던 결과와 실제 결과의 차이에 대해 기록하십시오. 가장 걱정하던 결과가 실제로 일어났습니까? 이 연습의 목표는 가장 걱정하던 결과가 실제로 일어나지 않거나 예상만큼 나쁘지 않다는 것 그리고 그 결과에 대처할 수 있다는 것을 배우는 것입니다. 우리는 예상과 실제 경험이 다를 때 가장 잘 배웁니다. 따라서 일어날 것이라고 예상했던 일, 즉 가장 걱정하던 결과(예 : "정신을 잃고 쓰러질 것이다.", "미쳐 버릴 것이다.")와 실제 일어난 결과(예 : "정신을 잃고 쓰러지지 않았다.", "미치지 않았다.")의 차이와 대처 방법(예 : "나는 불안했지만 이겨 냈다.")에 대해서 생각해 보십시오. 쓸데없는 자기비판을 조심하십시오. 증상을 직면할 때 불안을 느끼더라도 괜찮습니다. 이는 사실 예상되는 일이며 오히려 긍정적이기도 합니다. 불안은 학습에 도움이 되고, 특히 불안은 해롭지 않으며 불안을 다스릴 수 있다는 것을 배우는 것이 가장 중요한 두 가지 요소입니다.

9. 마지막으로, 실제로 성취한 것에 대해 기록하십시오. 예를 들면, 애초에 증상을 두려워하는 자신을 비난하기보다는 회피했던 증상을 일부러 불러일으킨 자신에 대해 보상하는 것이 훨씬 더 효과적입니다. 두려워하는 대상을 직면하기 위해서는 많은 노력과 용기가 필요합니다. 아무리 사소해 보일 수 있는 성취라고 할지라도, 가장 중요한 것은 성취 그 자체입니다.

성취에 대한 기억을 공고히 하기 위해, 연습을 완료하고 나서 몇 시간 후에 무슨 일이 있었는지 뒤돌아보고 다음 날 시간을 정해 다시 한번 되돌아보십시오. 전과 마찬가지로, 예상했던 것(가장 걱정했던 결과)과 실제로 일어난 일의 차이점과 성취한 것에 대해 생각해 보십시오. 이것은 장기적으로 학습을 강화하는 데 도움이 될 것입니다.

3회 운동을 마치고 나서, 증상이 약화되기를 불안하게 기다리지 마십시오. 이것은 오히려 불안을 가중시킬 뿐입니다. 증상은 해롭지 않고 견딜 만하기 때문에 얼마나 오래 지속되는지는 문제가 되지 않는다는 것을 깨닫기 위해 사고기법을 사용하십시오. 증상이 가라앉기를 불안하게 기다리는 것은 그 증상을 여전히 두려워한다는 의미입니다.

이 운동의 목표를 명심하십시오. 목표는 증상 운동으로 유발된 신체 증상과 불안을 직면하여 그런 증상과 불안이 해롭지 않으며 다스릴 수 있다는 것을 깨닫는 것입니다. 그 결과, 궁극적으로 신체 증상에 대한 불안이 줄어들며, 일상생활에서 증상이 나타나는 빈도가 줄어들 것입니다. (약간의 증상은 항상 겪겠지만, 누구나 가끔 증상을 경험합니다.)

다음 일주일 동안 첫 번째 증상 운동을 매일 세 번 연습하십시오. 특정한 날짜에 각 증상 운동에 대한 불안이 줄어드는 것은 중요하지 않습니다. 더 중요한 것은 매일 연습을 통해 장기적으로 불안이 점차 감소하는 것입니다.

과제

✎ 공황 기록과 일일 기분 기록에 공황과 기분을 계속 기록하십시오. 주말마다 경과 기록에 일주일간의 공황 횟수와 일일 불안 평균 점수를 기록하십시오.

✎ 일주일 동안 공황이 발생할 때마다 확률 바꾸기와 관점 바꾸기를 연습하십시오.

✎ 첫 번째 증상에 대한 증상 직면 운동을 매일 3회씩 연습하십시오.

✎ 증상 직면 운동 연습을 일주일 동안 한 후 제2절로 넘어가십시오.

자가평가

다음 질문에 '예' 또는 '아니요'로 답하십시오. 정답은 부록에 수록되어 있습니다.

1. 증상 운동의 효과를 극대화하기 위해서는 증상을 최대한 유발해야 한다.	예	아니요
2. 불안을 느끼자마자 증상 운동을 멈춘다.	예	아니요
3. 증상 운동의 핵심은 그 증상이 해롭지 않으며 그 증상과 불안을 스스로 다스릴 수 있다는 사실을 깨닫는 것이다.	예	아니요
4. 증상 운동을 연습할 때 복식호흡과 사고기법으로 불안을 최소화하는 것이 가장 좋다.	예	아니요
5. 증상 직면은 당신을 더욱 두렵게 할 뿐이다.	예	아니요

제 2 절 | 증상 직면 검토 및 지속적인 연습

증상 직면 검토

지난주 과제는 매일 증상에 대한 두려움을 직면하는 연습이었습니다. 증상을 의도적으로 유발하는 연습을 통해 당신은 스스로 가장 걱정하는 일이 일어나지 않으며 그 증상과 불안에 대처하고 그것을 다스릴 수 있다는 사실을 알게 되었습니까?

증상 직면 운동을 할 때는 증상을 최대로 유발해야 합니다. 또한 증상을 유발하는 동안에는 주의를 분산하지 말아야 합니다. 증상 직면 운동을 연습하면서 저녁에 무엇을 먹을지 생각하는 것같이 다른 데 신경을 쓰는 것이 주의분산의 예입니다. 증상 운동을 할 때는 자신의 감정을 알아차리고, 감정을 수용하고, 명명하는 객관적 태도를 유지하면서 운동과 유발하는 증상에 계속 집중하는 것이 훨씬 더 도움이 됩니다.

주의분산은 회피와 유사하며, 회피는 (직접 회피와 간접 회피 둘 다) 피해야 합니다. 증상에 대한 두려움을 줄이는 법을 익히는 가장 좋은 방법은 증상을 직접 직면하는 것입니다. 대개 회피는 증상이 해롭다는 잘못된 믿음(예 : "정신을 잃고 쓰러져서 아무도 나를 도와주지 않을까 봐 두렵기 때문에 나는 과호흡을 하고 싶지 않아.")이 계속 자리 잡고 있기 때문에 나타납니다. 증상은 해롭지 않다는 것을 기억하십시오.

간접 회피의 예는 운동을 약하게 해서 증상을 매우 가볍게 유지하는 것(예 : 과호흡을 할 때 정상보다 조금 더 빠른 정도로만 호흡하기 또는 매우 느린 속도로 회전하기)을 들 수 있습니다. 그리고 안전하게 느끼는 사람이 있을 때 또는 편안하게 느낄 때 증상 운동 연습을 하거나 벤조디아제핀 같은 항불안제를 복용하고 증상 운동을 하는 것 역시 간접적 회피일 수 있습니다. 어느 쪽이든, 이런 활동은 회피를 의미합니다. 궁극적으로는 매우 심한 수준으로 증상과 불안을 직면하거나 혼자 있을 때, 이미 불안한 상태일 때, 벤조디아제핀의 영향이 없을 때 증상과 불안을 직면하는 것이 중요합니다. 이런 상황들은 일상생활에서 증상이 발생하는 조건이기 때문입니다.

지속적인 증상 직면

기록지 8.1 '증상 평가'에서 별표(*) 한 운동 중 불안 수준이 다음으로 높은 운동으로 옮겨 갑니다. 다음 지침을 유념하면서 증상에 대한 직면을 연습하고, 기록지 8.2 '증상 직면'을 작성하십시오.

1. 선택한 증상 운동에 대해 가장 두려워하는 결과(정신을 잃고 쓰러지는 것 같은 구체적인 것일 수도 있고, 증상 운동으로 인한 불안을 다스릴 수 없다는 생각일 수도 있음)가 무엇인지 파악하고 그 일이 실제로 일어날 가능성을 0~100점 척도로 평가한 후, 운동을 시작하십시오.
2. 처음 증상을 느낀 시점에서 적어도 30초간 더 운동합니다. 처음 증상을 느낀 시점을 지나 계속 운동하면, 그 증상이 단지 불쾌할 뿐 해롭지 않다는 것을 깨달을 수 있는 기회가 됩니다.

3. 최대한 강하게 증상을 유발하십시오. 운동을 약하게 하거나 망설임으로써 증상을 회피하지 마십시오.

4. 하고 있는 운동과 실제 느낌에 집중하십시오. 운동할 때 어떤 느낌인지 표현할 수 있습니다("나는 두려워.", "몸이 떨려."). 운동 중이 아니라 운동을 마친 후에 호흡법과 사고기법 같은 대처기술을 사용하십시오.

5. 제시된 시간이 다 되면 운동을 멈춘 후, 다음 사항을 평가합니다.
   - 가장 걱정하던 결과가 일어났는가?
   - '첫 번째 운동' 칸에 최고 불안 수준(0~10)

6. 이제 대처기술을 사용하십시오. 운동이 끝나면 느린 복식호흡을 10회 한 후, 다음 질문에 답하는 사고기법으로 넘어가십시오. 소리를 내거나 머릿속으로 답하십시오.
   - 가장 걱정하는 결과는 무엇인가?
   - 그것이 일어날 현실적 확률은 얼마인가?
   - 증상에 대처하기 위해 무엇을 할 것인가?

7. 증상이 멈출 때까지 기다리고 나서, 1~6단계를 2회 더 반복합니다.

반복 운동이 끝날 때마다 증상 직면 기록지의 '두 번째 운동'과 '세 번째 운동' 칸에 기록을 합니다. 3회 운동이 모두 끝난 후 무엇을 배웠는지, 예상했던 것과 실제 결과의 차이, 연습을 통해 성취한 것에 대해 기록하십시오.

별표(*) 한 모든 증상 운동을 반복 연습할 때까지 이 절차를 계속하십시오(보통은 일주일에 한 가지 증상 운동을 하지만, 한 가지 이상 해도 괜찮습니다).

과제

✎ 공황 기록과 일일 기분 기록에 공황과 기분을 계속 기록하십시오. 주말마다 경과 기록에 일주일간의 공황 횟수와 일일 불안 평균 점수를 기록하십시오.

✎ 일주일 동안 공황이 발생할 때마다 확률 바꾸기와 관점 바꾸기를 연습

하십시오.

✎ 별표(*) 한 증상 운동에 대한 직면을 매일 3회씩 일주일 동안 연습하십시오. 별표 한 모든 증상 운동을 충분히 연습할 때까지 이 과정을 반복하십시오. 해당 증상이 해롭지 않고 그 증상과 불안을 다스릴 수 있다는 것을 깨달을 때까지 충분히 연습해야 합니다.

✎ 별표(*) 한 증상 운동을 절반 이상 마치면 제3절로 넘어가십시오.

자가평가

다음 질문에 '예' 또는 '아니요'로 답하십시오. 정답은 부록에 수록되어 있습니다.

1. 신체 증상을 직면할 때는 다른 생각을 계속한다.	예	아니요
2. 불안이 5점 정도까지 높아지면 증상 운동을 중단한다.	예	아니요
3. 증상을 직면하는 목적은 그 증상에 대해 덜 불안해지기 위해서일 뿐, 증상 자체를 없애려는 것이 아니다.	예	아니요

제 3 절 | **일상 활동에서 증상 직면하기**

실제 상황에서 두려움 직면하기 : 일상 활동

지금까지는 일상생활에서 흔하지 않은 활동인 과호흡이나 회전하기 같은 인위적인 운동에 집중했습니다. 이제 신체 증상 때문에 두려워하거나 회피했던 보다 일상적인 활동으로 옮겨 갈 차례입니다. 이러한 일상 활동의 예는 커피 마시기(자극 효과)와 초콜릿 먹기(자극 효과), 유산소 운동(심혈관계 효과), 무거운 물건 들기(혈압 상승과 어지러움 효과) 등입니다. 보다 포괄적인 목록은 기록지 8.3 '일상 활동 순위'에 제공됩니다. 이 기록지는 복사하여 사용할 수

활동	불안(0~10)
계단 뛰어오르기	▬▬
몹시 더운 날 밖에서 걸어 다니기	▬▬
덥고 답답한 방에서 회의하기	▬▬
덥고 답답한 차에서 운전하기	▬▬
덥고 답답한 상점이나 쇼핑몰에서 쇼핑하기	▬▬
매우 추운 날 밖에서 걸어 다니기	▬▬
에어로빅하기	▬▬
무거운 물건 들기	▬▬
춤추기	▬▬
성관계 갖기	▬▬
공포 영화 관람하기	▬▬
과식하기	▬▬
흥미진진한 영화나 스포츠 경기 관람하기	▬▬
열띤 논쟁 하기	▬▬
문과 창을 닫은 채 샤워하기	▬▬
사우나하기	▬▬
등산하기	▬▬
운동하기	▬▬

(계속)

활동	불안(0~10)
커피나 카페인 음료 마시기	▨
초콜릿 먹기	▨
앉았다 갑자기 일어나기	▨
화내기	▨
회전목마 같은 놀이기구 타기	▨
스노클링하기	▨
항히스타민제 등 감기약 복용하기	▨
하늘과 구름 올려다보기	▨
다이어트 콜라 등 탄산음료 마시기	▨
차 안에서 책 읽기	▨
잠에서 깰 때 자주 공황을 겪는 사람들 :	▨
깊은 명상 이완	▨
며칠 연속 밤샘으로 인한 피곤함	▨
술이나 항히스타민제	▨
한밤중에 알람 소리에 갑자기 깨기	▨
무더운 밤에 창문이 닫혔거나 에어컨이 없거나 침대에서 옷을 덥게 입거나 중앙난방으로 인한 더운 수면 환경	▨

있습니다. 이 목록의 항목들을 살펴보면 이런 형태의 일상 활동을 회피해 왔다는 것을 깨달을 수 있을 것입니다. 그 이유는 명백합니다. 바로 이런 활동이 공황을 연상시키는 신체 증상을 유발하기 때문입니다.

일상 활동 순위의 각 활동을 0~10점 척도로 평가하십시오(0 = 전혀 불안하지 않음, 10 = 극도로 불안함). 불안을 3점 이상으로 평가한 모든 활동의 순위를 매깁니다. 지금까지 했던 증상 운동과 마찬가지로, 일상 활동 직면의 목표는 신체 증상이 위험하지 않다는 것(즉 가장 걱정하는 결과는 전혀 또는 거의 일어나지 않으며, 신체 증상과 불안에 대처할 수 있다)을 깨달을 만큼 일상 활동을 반복하는 것입니다.

이를 위해서는 많은 노력이 필요합니다. 일상 활동에는 증상 운동보다 더 많은 시간이 걸리는 경우가 많기 때문입니다. 그러나 더 많이 노력할수록 더 많이 개선할 수 있습니다.

또한 앞서 했던 증상 운동과 지금 시작하는 일부 일상 활동 사이에는 차이가 있습니다. 증상 운동은 일반적으로 운동을 시작하면 증상이 빨리 나타나고 운동을 중단하면 금방 사라지는데, 일상 활동은 그렇지 않습니다. 예를 들면, 커피를 마신 후에 증상이 즉각 나타나지 않는데, 이는 카페인이 최대 효과를 나타내는 데 시간이 걸리기 때문입니다(약 45분). 마찬가지로, 커피를 마시고 나서 증상이 즉각 사라지지 않습니다. 이것은 우리 몸에서 카페인이 대사되는 데 시간이 걸리기 때문입니다. 중요한 점은 비록 증상이 언제 나타났다가 사라지는지 정확히 알지 못하지만, 증상 자체는 해롭지 않다는 사실입니다.

일상 활동 직면

일상 활동 순위에서 불안을 3점으로 평가한 항목 중 한 활동을 선택한 후, 다음 단계에 따라 일상 활동 직면을 연습하십시오. 기록지 8.4 '일상 활동 직면'을 작성하십시오. 기록지는 복사하여 사용할 수 있습니다.

1. 이 일상 활동을 할 때 가장 걱정되는 결과가 무엇인지 파악합니다. 이것

을 부정적 사고라고 합니다. 증상 직면 연습과 마찬가지로, 이 부정적 사고는 죽거나 정신을 잃고 쓰러지는 것 같은 구체적인 결과일 수도 있고, 이 활동과 연관된 불안을 다스릴 수 없다는 생각일 수도 있습니다. 검증할 수 있고, 일어나지 않았다고 단정적으로 말할 수 있는 내용을 가능한 한 구체적으로 기술하십시오.

2. 부정적 사고가 비현실적이라는 사실을 깨닫기에 가장 좋은 훈련조건(**최종 목표**)을 고안하십시오. 예를 들어, 당신의 과제가 밀폐되어 수증기로 가득 찬 곳에서 샤워를 하는 것이라고 합시다. 이전에 당신은 수증기로 인한 질식감 때문에 이것을 회피했을 수 있습니다. 그렇다면, 가장 적절한 훈련 계획은 물을 틀기 전에 문과 창을 닫고, 샤워를 하기 전에 몇 분간 뜨거운 물을 틀고, 질식감이 느껴지더라도 정해진 시간(예 : 10분 이상) 동안 욕실에 머무는 것일 수 있습니다(질식감은 실제로 질식한다는 의미가 아니라는 것을 명심하십시오). 그러고 나서 샤워를 마치고 김이 가득 찬 상태에서 2~3분간 몸을 말린 후 욕실 문을 엽니다. 또 다른 예는 딥고 딥딥한 징소에 대한 공포를 극복하는 것입니다. 과거에 특히 쇼핑몰 같은 혼잡한 장소에서 두꺼운 옷을 입기를 회피했다면, 목표는 더운 쇼핑몰에서 코트나 두꺼운 스웨터를 입는 것입니다.

3. 부정적 사고가 비현실적이라는 사실을 깨닫기 위해서 미신적 물건이나 안전신호, 안전행동 또는 주의분산을 모두 제거해야 합니다. 그러므로 기록지 5.3 '미신적 물건과 안전신호'와 기록지 5.4 '안전행동과 주의분산'으로 돌아가서 궁극적으로는 목록에 있는 어떤 항목도 없이 각 일상 활동을 연습하는 계획을 세우십시오.

4. 연습할 일상 활동의 최종 목표를 점진적으로 달성할 것인지 아니면 한 번에 달성할 것인지 선택하십시오. 예를 들어, 커피를 한 잔 마시는 목표를 점진적으로 달성하기로 결정했다고 합시다. 첫 단계는 디카페인 커피를 한 잔 마시는 것입니다. 다음 단계는 디카페인 커피와 카페인 커피를 섞어서 마시는 것입니다. 마지막으로, 카페인 커피를 한 잔 마십니다. 만약 최종 목표를 한 번에 달성하기를 원한다면, 바로 카페인

기록지 8.4 일상 활동 직면

날짜 : _____

일상 활동 : _____

최종 목표(미신적 물건, 안전신호, 안전행동, 주의분산 없이) :

_____

오늘의 목표 : _____

부정적 사고(가장 두려운 결과) :

_____

그런 일이 몇 번이나 일어났습니까? _____

증거는 무엇입니까?

_____

현실적 확률은 얼마입니까? (0~100, 0=전혀, 50=일어날 수도/일어나지 않을 수도, 100=반드시) :

_____

대처 방안 :

_____

가장 두려워하던 일이 일어났습니까? (예/아니요) : _____

불안 최고치(0~10) : _____

0 —— 1 —— 2 —— 3 —— 4 —— 5 —— 6 —— 7 —— 8 —— 9 —— 10

없음　　　　　　약함　　　　　　중간　　　　　　강함　　　　　극심함

연습이 끝나면 다음 질문들에 답하시오.

무엇을 배웠습니까?

_____

무슨 일이 일어날 것이라고 예상했고, 실제로는 무슨 일이 일어났습니까?

_____

무엇을 성취했습니까?

_____

커피를 한 잔 마실 수 있습니다. '오늘의 목표'는 당일의 연습조건입니다. 오늘의 목표는 최종 목표와 동일할 수도 있고 최종 목표를 향한 단계 중 하나일 수도 있습니다(점진적 달성을 선택한 경우). 오늘의 목표를 결정했다면, 이 연습에서 가장 걱정되는 결과(부정적 사고)가 실현될 가능성이 얼마인지 자문하고, 0~100점 척도로 표시하십시오(0 = 전혀 없음, 50 = 일어날 수도/일어나지 않을 수도 있음, 100 = 반드시 일어남).

5. 연습을 준비할 때, 다음 질문에 답해 보십시오.

- 가장 두려워하는 결과가 일어난 적이 있는가? (만약 일어나지 않았거나 거의 드물게 일어난다면, 속단하기 오류입니다.)

- 일어날 수 있는 최악의 결과는 무엇인가? 그것에 어떻게 대처할 것인가? (만약 최악의 결과에 대해 견딜 수 없거나 대처할 수 없다고 느낀다면, 재앙화 오류입니다.)

- 그리고 나서,

  a. 모든 증거를 살펴본다.

  b. 현실적 확률을 검토한다.

  c. 최악의 결과가 처음 생각했던 것만큼 나쁘지 않을 것임을 깨닫는다.

  d. 대처 방안을 생각해 본다.

글상자 8.1과 8.2는 완성된 일상 활동 직면 기록지의 일부입니다.

이 일상 활동을 다음 일주일 동안 (최종 목표를 한 번에 달성하건 연습을 거쳐 점진적으로 달성하건 상관없이) 적어도 세 번 연습하십시오. 만약 상황이 매우 짧다면(예 : 하늘의 움직이는 구름 올려다보기), 당일 연습한 시간이 모두 합해 한 시간에 이를 때까지 반복하십시오. 다양한 방법으로 연습해도 괜찮습니다(예 : 조깅이나 에어로빅 등 매번 다른 방법으로 심박수를 증가시키기). 사실, 다양성은 상황에 관계없이 증상이 해로운 것이 아니라는 원칙을 배울 수 있기 때문에 도움이 됩니다.

한 번의 연습으로 불안이 줄어드느냐는 중요하지 않습니다. 더 중요한 것은 장기적으로 불안이 줄어드는 것입니다.

글상자 8.1 **일상 활동 직면 기록지 - 일부(1)**

일상 활동 직면

날짜 : ___3.28___

일상 활동 : ___조깅___

최종 목표(미신적 물건, 안전신호, 안전행동, 주의분산 없이) :

혼자서 20분간 조깅하기

오늘의 목표 : 다른 사람들과 함께 5분간 조깅하기

부정적 사고(가장 두려운 결과) :

숨이 차서 호흡을 멈추게 될 거야.

글상자 8.2 **일상 활동 직면 기록지 - 일부(2)**

일상 활동 직면

부정적 사고(가장 두려운 결과) :

숨이 차서 호흡을 멈추게 될 거야.

그런 일이 몇 번이나 일어났는가? ___전혀 없음___

증거는 무엇인가? 비록 호흡이 가쁘지만, 나는 건강하므로 숨이 멎을 가능성은 거의 없다.

현실적 확률은 얼마인가? (0~100) : ___0___

대처 방안 : 숨이 가빠도 위험하지 않다고 생각하면서 천천히 달린다.

이제 이 연습을 효과적으로 할 수 있는 방법에 대해 알아보겠습니다.

일상 활동 직면이 두렵다면

만약 활동을 연습하는 동안 두렵거나 긴장감이 느껴진다면, 다음과 같이 호흡법을 사용하여 불안감을 조절하고 활동을 계속할 수 있습니다.

- 호흡과 숫자 세기에 집중하십시오.
- 숫자를 세면서 들이마시고, '편안하다'라고 생각하면서 내쉽니다. 숨을 들이마시고 내쉬는 주기는 6초간 지속합니다.
- 숨을 들이쉴 때 배를 부풀리고, 내쉴 때 배를 집어넣습니다. 가슴은 가만히 있습니다.
- 큰 숨을 쉬지 말고 평상시 호흡을 하십시오.

그러고 나서 다음 핵심 질문을 사용하여 사고기법을 시도하십시오.

- 지금 가장 두려운 결과는 무엇인가?
- 그것이 일어날 현실적 확률은 얼마인가?
- 이런 상황을 대처하고 관리하기 위해 어떻게 할 것인가?

호흡법과 사고기법의 목표는 증상이나 불안을 없애는 것이 아니라 계속 두려움을 직면하고 일상 활동을 완수해 나가도록 돕는 것입니다.

연습이 불완전하게 끝났다면

만약 일상 활동을 수행하는 도중에 두려움과 불안감이 너무 심해서 그 상황을 벗어나야 할 것 같다면, 가장 좋은 방법은 일시적으로 활동을 중단하고, 대처기술을 사용한 후 다시 시작하는 것입니다. 예를 들어, 에어로빅 수업에 참여하다가 불안이 심해진다면, 호흡법을 시도하기 위해 연습실을 벗어날 수 있으며, 사고기법을 활용하기 위해 앞에 나열한 핵심 질문들에 답해 보고 나서 수업에 복귀하십시오. 만약 춤을 추거나 하이킹을 하거나 하늘의 구름을 올려다보다가 불안 때문에 중단한다면, 호흡법과 사고기법을 사용한 후 활동을 다시 합니다. (물론 일시적으로 중단하는 것이 불가능한 활동도 있을 것입니다.)

가장 중요한 원칙은 항상 다시 시작하는 것입니다. 만약 어떤 일상 활동을 중단한 후 다시 시작하지 않는다면, 처음 상태로 되돌아갈 뿐 아니라 어떤 성과도 얻지 못할 것입니다. 그러므로 활동을 불완전하게 중단하면 반드시 다시 시작하십시오.

연습 후

연습을 완료하고 나서

- 가정 걱정하던 일이 실제로 일어났는지 평가하십시오('예' 또는 '아니요').
- 연습하는 동안 불안 최고치를 0~10점 척도로 평가하십시오(0 = 불안하지 않음, 10 = 극심한 불안).
- 연습을 통해 무엇을 배웠는지, 연습 전에 예상한 결과와 실제 결과의 차이에 대해 기록하십시오. 가장 걱정하던 일이 실제로 일어났습니까? 이 연습의 목표는 가장 걱정하던 일이 실제로 일어나지 않는다는 것 또는 예상한 일이 생각만큼 나쁘지 않으며 그 일에 대처할 수 있다는 것을 배우는 것입니다. 사람들은 예상과 실제 경험이 다를 때 가장 잘 배우므로 일어날 것이라고 예상했던 일, 즉 가장 걱정했던 결과(예 : "기절할 것이다.", "비웃음을 살 것이다.", "미쳐 버릴 것이다.")와 실제로 일어난 결과(예 : "기절하지 않았다.", "미치지 않았다.")의 차이와 대처 방법(예 : "불안했지만 잘 극복했다.")에 대해 생각해 보십시오. 건강하지 않은 자기비판을 조심하십시오. 만약 일상 활동을 직면할 때 불안이 느껴지더라도 괜찮습니다. 사실 이것은 예상되던 일입니다. 불안은 학습에 도움이 됩니다. 특히 학습이 가장 중요한 두 가지 요인은 불안은 해롭지 않으며 불안을 다스릴 수 있다는 것입니다. 또한 불안이 한 번의 연습으로 줄어드느냐는 중요하지 않습니다. 더 중요한 것은 반복 연습을 통해 궁극적으로 불안이 줄어드는 것입니다.

■ 마지막으로, 실제로 성취한 것이 무엇인지 기록하십시오. 예를 들어, 처음부터 그 증상을 두려워하는 자신을 비난하기보다 회피하던 증상을 일부러 유발한 것에 대해 자신에게 보상하는 것이 훨씬 더 도움이 됩니다. 두려워하는 대상을 직면하기 위해서는 많은 노력과 용기가 필요합니다. 아무리 사소해 보일 수 있는 성취라고 할지라도, 가장 중요한 것은 성취 그 자체입니다.

성취에 대한 기억을 공고히 하기 위해 연습 몇 시간 후 그리고 다음 날, 일어난 일에 대해 다시 생각해 보십시오. 이전과 마찬가지로, 예상한 결과(즉 가장 걱정한 결과)와 실제 일어난 일의 차이점 그리고 성취한 것에 대해 생각해 보십시오. 이것은 장기적으로 당신의 깨달음을 강화하는 데 도움이 될 것입니다.

이런 활동을 수행하면서, 자신의 감정을 수용하는 연습을 하십시오. 감정(두려움과 불안)을 수용한다는 것은 자신의 감정을 있는 그대로 받아들이는 것, 즉 두려움과 불안에 맞서 싸우는 대신 두려움과 불안이 존재하더라도 해롭지 않다는 것을 알고 허용하는 태도를 의미합니다. 수용은 두려움에 직면했을 때 자신의 감정을 인식하는 것을 말하며, 객관적 관찰자 입장과 밀접하게 연결되어 있습니다. 예를 들어, 지금까지 심장박동이 빨라질까 봐 피했던 요가 수업에 참여할 때, "나는 무서워." 또는 "심장이 뛰고 있어."라고 스스로 인식할 수 있습니다. 일상 활동 직면을 할 때 자신의 감정을 이런 식으로 표현하는 것은 효과적인 전략으로 보입니다. 반면 감정을 억제하거나 회피하려는 시도는 오히려 노출 연습을 약화시킬 수 있습니다.

정민 씨의 첫 2주간 일상 활동은 피트니스 강좌에 참석하는 것(매회 10분간, 처음에는 친구와 함께, 다음에는 혼자)과 커튼을 치고 문을 닫은 채 샤워를 하는 것이었습니다. 처음 피트니스 강좌에 참석하기 전에 그녀는 매우 불안했지만, 느린 호흡을 연습하면서 비록 숨이 가쁘고, 덥고, 땀 나고, 가슴이 두근거릴 수 있겠지만 위험하지 않다고 생각했습니다. 피트니스 강좌가 시작되자마자 그녀는 나가고 싶었습니다. 그러나 자신의 속도대로 연습을 계속하면 자신의 감정을 다스릴 수 있다는 것을 깨닫고, 계획한 10분 동안 계속 머물렀습니다. 첫 연습을 마치고 나서 정민 씨는 피트니스 강좌에 참석하는 것이 편해져서 다음 시간부터는 더 긴 시간 동안 머물렀습니다. 그러고 나서 그녀는 피트니스 강좌에 혼자 참석했습니다. 그녀는 숨이 차거나 가슴이 두근거리더라도 죽지 않는다는 사실을 알았습니다. 샤워에 대한 그녀의 공포는 공기 부족으로 질식하는 것에 대한 부정적 사고와 관련이 있었습니다. 그녀는 수증기로 가득 찬 샤워실에 있는 시간을 점차 늘려서 질식하지 않는다는 것을 알았습니다.

약물치료 문제

증상 운동과 마찬가지로, 약물 사용을 유의해야 합니다. 특히 (1) 모든 감정을 차단하는 약물이나 (2) 순간적으로 두려움을 줄이기 위해 의존하는 약물은 더욱 그렇습니다. 만약 약이 매우 강력해서 모든 증상을 차단해 버린다면, 두려움을 직면해서 얻을 수 있는 유익한 효과를 방해할 수 있습니다. 약간의 불안은 매우 유익한데, 실제로 사람들은 아주 편안할 때보다는 약간 불안할 때 더 많이 배웁니다. 또한 신체 증상과 공포 및 불안이 해롭지 않다는 것을 깨닫는 것도 중요합니다. 그러므로 약으로 인해 불안과 공황이 완전히 차단된다면, 주치의와 약의 용량을 줄이는 것에 대해 대화해 보십시오.

두 번째 문제는 작용이 빠른 약을 사용하는 것에 대한 우려입니다. 이때까지 두려운 신체 증상에 대처하는 당신의 일반적인 대처 방안은 약을 복용하는 것이었습니다. 따라서 신체 증상을 유발하는 일상 활동을 직면하는 초기에는 자낙스®나 리보트릴® 같은 작용이 빠른 약이 필요하다고 느낄 수 있습니다. 훈련 초기에 한해, 약 없이도 이런 일상 활동을 할 수 있을 만큼 충분히 편안해질 때까지는 약을 복용해도 좋습니다. 약을 복용하지 않고 직면을 계속하면 일상 활동에 의해 유발되는 신체 증상이 해롭지 않다는 것을 실제로 알게 될 것입니다. 약을 끊는 방법은 제11장에서 다룹니다.

일반적 문제

일부 활동에는 특별한 계획이 필요합니다. 일상 활동 순위에 표시된 모든 활동을 완수하는 데는 많은 시간이 필요할 수 있습니다. 그러나 규칙적으로 연습하는 것이 중요합니다. 미루지 마십시오!

시간 제약 때문에 때로는 두 가지 일상 활동을 동시에 하는 것이 합리적일 수 있습니다. 예를 들면, 이틀이나 사흘에 한 번씩 피트니스 운동을 하면서 동시에 하루 한 번 내지 두 번 뜨거운 샤워에 익숙해지는 연습을 할 수 있습니다.

과제

✎ 공황 기록과 일일 기분 기록에 공황과 기분을 계속 기록하십시오. 주말마다 경과 기록에 일주일간의 공황 횟수와 일일 불안 평균 점수를 기록하십시오.

✎ 일주일 동안 공황이 발생할 때마다 확률 바꾸기와 관점 바꾸기를 연습하십시오.

✎ 첫 번째 일상 활동을 일주일 동안 적어도 3일 이상 연습하십시오. 한 번에 한 가지 이상 활동을 할 수 있습니다.

✎ 어떤 일상 활동을 적어도 일주일 동안 연습하고 나서 제4절로 넘어가십시오.

자가평가

다음 질문에 '예' 또는 '아니요'로 답하십시오. 정답은 부록에 수록되어 있습니다.

1. 카페인 같은 자극성 물질은 모두 피해야 한다.	예	아니요
2. 사우나에 앉아 있거나 웨이트 트레이닝을 해서 불편한 신체 증상을 유발하는 것은 위험하다.	예	아니요
3. 만약 어떤 활동을 직면할 때 불안해진다면, 중단하고 다른 활동을 시도해야 한다.	예	아니요

4. 일상 활동을 직면할 때는 항상 최고 수준으로 한 번에 시도하며 점진적으로 진행하지 말아야 한다.	예	아니요
5. 일상 활동을 직면할 때는 증상을 경험하더라도 호흡법과 사고기법을 사용하면서 계속해야 한다.	예	아니요

제 4 절 　일상 활동 직면 검토 및 지속적인 연습 계획

일상 활동 직면의 가치

다시 말하자면, 일상 활동을 연습하는 목적은 그런 활동으로 인해 나타나는 신체 증상이 해롭지 않으며, 그런 신체 증상과 불안을 다스릴 수 있고, 지금까지 회피했던 활동을 완수할 수 있다는 사실을 깨닫는 것입니다. 결론적으로, 일상 활동에 대한 불안은 결국 줄어들 것입니다.

일상 활동 직면 연습에 대한 검토

지난주에 3일 이상 일상 활동을 연습했습니까? 만약 규칙적으로 연습하지 못했다면, 이 연습을 우선적으로 하도록 신경을 쓰기 바랍니다. 일상 활동 직면을 규칙적으로 하기 위해서는 노력이 필요하지만, 더 많이 노력할수록 더 많은 이득을 얻을 것입니다. 일상 활동 직면 기록지에 연습한 내용을 계속 기록하면 그런 활동으로 인해 나타나는 신체 증상이 해롭지 않으며, 그런 증상과 불안을 다스릴 수 있다는 사실을 깨달을 수 있습니다. 반복 연습을 통해 결국 불안이 줄어들 것입니다.

　어떤 활동을 연습할 때, 두려워서 그만둔 적이 있습니까? 예를 들면, 사우나에 앉았다가 뜨거움을 느끼자마자 나오거나, 커피를 한두 모금 마시다가 중단했던 적이 있습니까? 만약 그렇다면, 그 이유에 대해 생각해 보십시오. 무엇 때문에 중단했습니까? 어떤 종류의 증상을 느꼈습니까? 어떤 부정적 사고가 떠올랐습니까? 그 활동을 계속한다면 어떤 재앙적 결과가 예상되었습니까? 잘못된 부정적 사고를 찾고, 증거를 따져 본 후, 객관적으로 생각해 보십시오. 그리고 나서 일상 활동으로 인한 신체 증상이 해롭지 않다는 것을 확신할 수 있도록 연습을 반복하십시오.

예를 들어, 만약 에어로빅 수업에 참석했다가 정해진 시간까지 있지 않고 중간에 나왔다고 합시다. 잠시 생각해 보니, 심장박동이 위험할 정도로 너무 빨라져서 정신을 잃고 쓰러질 것이라고 생각했기 때문에 빠져나왔다는 것을 알게 되었습니다. 증거를 검토한 결과, 다른 사람들도 운동을 하면 심장박동이 빨라지고, 아마도 생각만큼은 빨라지지 않을 것이며, 심장박동이 아무리 빨라진다고 하더라도 정신을 잃고 쓰러질 확률은 거의 없다는 것을 깨달았습니다. 이런 분석을 한 후에는 다시 돌아가서 에어로빅 수업을 마칠 것 같은 느낌이 들었습니다.

이런 연습에서 불안과 공포가 전혀 없기를 기대할 수 없습니다. 즉 처음에는 두려움을 느껴야 합니다. 그렇지 않다면 이런 연습을 할 필요가 전혀 없습니다. 더욱이 처음에 공포가 줄지 않고 오히려 증가하기도 하는데, 그것은 두려워하는 일을 직면하고 있기 때문입니다. 그러나 연습을 반복하면 결국 불안은 줄어들 것입니다.

지속적인 일상 활동 직면

이 장 제1절의 일상 활동 직면 단계를 활용하여 불안 점수가 3점 이상인 활동을 계속 연습하십시오.

과제

✎ 공황 기록과 일일 기분 기록에 공황과 기분을 계속 기록하십시오. 주말마다 경과 기록에 일주일간의 공황 횟수와 일일 불안 평균 점수를 기록하십시오.

✎ 일주일 동안 공황이 발생할 때마다 확률 바꾸기와 관점 바꾸기를 연습하십시오.

✎ 각 일상 활동을 일주일 동안 적어도 3일 이상 연습하십시오. 한 번에 한 가지 이상 활동을 할 수 있습니다.

자가평가

다음 질문에 '예' 또는 '아니요'로 답하십시오. 정답은 부록에 수록되어 있습니다.

1. 일상 활동으로 인한 증상이 위험하지 않으며 증상과 불안을 스스로 다스릴 수 있다는 사실을 깨닫기 위해서는 각 활동에 대해 몇 차례의 연습이 필요하다.	예	아니요
2. 커피 마시기 같은 활동을 연습한 후에도 증상이 오랫동안 지속된다면, 그것은 그 증상이 위험하다는 의미가 아니라 오히려 그 증상에 지나치게 사로잡혀 있을 수 있다는 것을 의미한다.	예	아니요
3. 일상 활동을 완료하는 것이 중요하고, 두려워하던 일이 일어났는지를 일상 활동 직면 기록지에 기록하는 것은 그리 중요하지 않다.	예	아니요
4. 너무 심한 불안이나 많은 증상을 유발한다면 일상 활동을 중단해야 한다.	예	아니요

CHAPTER 09 광장공포증 상황 직면하기

목표

- 광장공포증 상황 직면의 중요성을 이해한다.
- 광장공포증 상황을 적절하게 직면하는 법을 배운다.
- 광장공포증 상황 직면에서 배운 것을 검토한다.
- 광장공포증 상황 직면을 계속한다.

이 장을 완료하는 데는 몇 주(예 : 7주)가 걸리지만, 실제 시간은 광장공포증 상황 순위(기록지 5.2)에 나열된 항목의 수와 그 상황들의 진행 속도에 따라 달라질 수 있습니다.

제 1 절 | 광장공포증 상황 직면에 대한 계획 및 연습

광장공포증 상황 직면의 중요성

지금까지는 갇혀 있다고 느끼거나 공황 관련 감각이 느껴질 때 탈출하거나 도움을 받기 어려운 상황에서 불안에 대처하는 데 중점을 두었습니다. 이제는 직접 경험에 의한 학습으로 옮겨 갈 차례입니다. 여러 면에서 직접 경험은 가장 강력한 학습 방법입니다. 궁극적으로는 광장공포증 상황 순위의 모든 상황을 반복적으로 직면하고 대처하는 것이 중요합니다. 이런 상황을 회피하면 새로운 학습이 이루어지지 못하고, 오히려 공포와 불안이 더 심해집니다. 무언가를 회피할수록 그 대상에 대한 불안은 더 커집니다. 이번 치료 단계에서는 불안한 광장공포증 상황을 직접 직면하게 되는데, 이때 가까운 사람을 치료에 참여시킬 수 있습니다. 만약 가까운 사람의 도움을 받는다면 제10장을 읽으십시오.

과거 시도가 실패한 이유

때때로 사람들은, 비록 성공하지는 못했지만, 지금까지 광장공포증 상황을 직면했다고 생각하기 때문에 이 치료적 접근 역시 효과가 없을 것이라고 판단합니다. 그러나 이전에 성공하지 못했던 시도들은 두려움에 대한 직면이 적절한 방법으로 정확하게 구성되지 못했을 가능성이 많습니다. 가장 효과적인 직면 훈련 방법을 제시하기 위해 이전 시도들이 효과가 없었던 이유를 검토해 봅시다.

- 실제로는 광장공포증 상황을 직면하지 않았는데도 직면 연습을 했다고 착각할 수 있습니다. 예를 들어, 어떤 상황에 어쩔 수 없이 있게 된 것과 구체적인 과제를 정해 반복적으로 연습하는 것은 다릅니다. 갑자기 아픈 가족에게 가기 위해 한 차례 고속도로를 운전한 것과 운전 공포를 극복하기 위해 일주일에 서너 번씩 고속도로 운전을 연습하는 것은 다릅니다. 그러므로 어려웠거나 부정적이었던 일회성 경험과 광장공포증 상황에 대한 두려움을 실제로 직면하는 것을 혼동하지 말아야 합니다.

- 광장공포증 상황에 대해 충분히 자주 직면하지 않았을 수 있습니다. 이것은 직면과 다음 직면 사이의 기간이 너무 길었다는 것을 의미합니다. 예를 들어, 한 달에 한 번 쇼핑몰을 돌아다니는 것은 일주일에 한 번 쇼핑몰을 돌아다니는 것보다 훨씬 효과가 적습니다. 연습을 충분히 길게 지속하지 않았을 가능성도 있습니다. 예를 들면, 하루에 5분만 혼자 있는 연습을 하는 것보다 하루에 90분간 혼자 있는 연습을 하는 것이 훨씬

더 효과적입니다. 새로운 것을 학습하기 위해서는 충분한 시간을 투자해야 하기 때문입니다. 두려움을 짧은 시간 동안만 직면하면 새로운 것을 배울 수 있는 가능성이 줄어듭니다. 가장 중요한 것은, 연습에 적절한 조건이 포함되지 않았을 수 있다는 것입니다. 광장공포증 상황에 대한 반복적인 직면은 핵심을 깨닫는 경우에만 효과가 있습니다. 예를 들어, 쇼핑몰에 대한 두려움이 쇼핑몰에 15분 이상 있으면 미쳐 버리고 말 것이라는 생각에서 비롯된 것이라면, 15분 이상 쇼핑몰에 머무르는 것이 핵심일 것입니다. 그렇게 함으로써 가장 걱정하는 일이 일어나지 않는다는 것, 즉 미쳐 버리지 않는다는 사실을 깨달을 수 있을 것입니다. 15분 미만으로 연습한다면, 15분이 지나면 통제력을 잃을 것이라는 생각이 변하지 않고 유지되어 불안한 믿음으로 남게 됩니다.

■ 광장공포증 상황을 직면할 때 미신적인 물건이나 안전신호, 안전행동 또는 주의분산에 지나치게 의지했을 수 있습니다. 이런 것들은 교정적 학습을 방해하고 장기적으로는 불안을 유발하기 때문에 도움이 되지 않는 대처 방법입니다.

안전신호나 미신적 물건, 안전행동 또는 주의분산 없이, 핵심적인 깨달음을 얻는 데 필수적인 조건하에 체계적으로, 자주, 길게 연습하는 것이 훨씬 더 성공적입니다. 광장공포증 상황에 대한 연습은 세 가지 목적이 있습니다.

1. 걱정하는 일이 일어날 가능성이 매우 적거나 일어나지 않고, 최악의 일을 직면하더라도 처음 생각했던 만큼 나쁘지 않으며, 아무리 어려운 상황이더라도 대처 방안은 있다는 것을 충분히 이해하는 데 도움이 되는 새로운 정보를 얻는다.
2. 불안과 공포를 다스리고 극복할 수 있다는 사실을 배운다.
3. 지금까지 회피했던 일들을 해낼 수 있음을 입증한다.

약물치료 문제

특히 두려움과 각성을 빠르게 완화시켜 주는 약(자낙스®, 리보트릴® 등) 복용은 주의해야 합니다.

약이 너무 강력해서 치료 운동을 하는 동안 불안과 두려움을 현저히 감소시킨다면, 광장공포증 상황에 대한 두려움을 실제 직면함으로써 얻을 수 있는 유익한 효과를 방해할 수 있습니다. 즉 약간의 불안은 매우 유익한데, 그 것은 실제로 아주 편안할 때보다는 불안할 때 더 많이 배우기 때문입니다. 그러므로 약으로 인해 불안과 공황이 상당히 줄어든다면, 주치의와 약의 용량을 줄일 가능성에 대해 상의할 수 있습니다.

두 번째 문제는 작용이 빠른 약을 사용하는 것에 대한 우려입니다. 처음에는, 광장공포증 상황에 직면할 때 자낙스®나 리보트릴® 같은 약이 필요하다고 느낄 수도 있습니다. 이는 평소 이런 약을 대처도구로 사용했기 때문입니다. 이런 약이 없이도 광장공포증 상황을 직면할 수 있을 때까지는 약을 복용해도 좋습니다(약의 감량에 관해서는 제11장에서 자세히 다룹니다).

광장공포증 상황에 대한 직면 연습

연습의 설계

이제 광장공포증 상황에 대한 직면을 설계할 시간입니다. 기록지 5.2 '광장공포증 상황 순위'의 첫 항목을 선택하고 기록지 9.1 '광장공포증 상황 직면'을 사용하여 다음 단계들을 진행하십시오. 기록지는 복사해서 사용할 수 있습니다.

1. 그 상황에서 가장 걱정하는 일을 파악하십시오. 이것을 **부정적 사고**라고 합니다. 부정적 사고는 정신을 잃고 쓰러지거나, 미치거나, 심장마비가 오는 것 같은 구체적인 결과일 수도 있고, 그 상황으로 인한 불안을 다스릴 수 없다는 생각일 수도 있습니다. 가능한 한 구체적으로 기

술하십시오. 검증할 수 있고 일어나지 않았다고 확실히 말할 수 있는 것이어야 합니다.

2. 부정적 사고가 현실적이지 않다는 것을 깨닫기에 가장 적절한 연습조건에 관해 생각해 보십시오. 이것을 **최종 목표**라고 합니다. 예를 들어, 쇼핑몰에서 한쪽 끝에서 반대쪽 끝까지 걸어갔다가 바로 돌아서서 나온다면 정신을 잃지 않지만, 쇼핑몰 끝까지 걸어가서 30분 정도 머물렀다가 돌아오면 정신을 잃고 쓰러질 것이라고 확신하는 경우, 가장 좋은 연습은 당연히 쇼핑몰 끝까지 걸어가서 30분 동안 머물렀다가 돌아오는 것입니다. 마찬가지로, 하루 한 번은 쇼핑몰을 10분간 걸을 수 있다고 생각하지만, 세 차례 연속으로 하면 기절할 것이라고 확신한다면, 가장 좋은 연습은 당연히 쇼핑몰에 세 차례 갔다 오는 것입니다. 그러므로 가장 걱정하는 일은 일어나지 않거나 어떠한 일이 일어나더라도 대처할 수 있다는 사실을 깨닫기 위해서는 광장공포증 상황에 얼마나 오래 머물러야 하는지 또는 얼마나 많이 직면해야 하는지를 고려하십시오.

3. 또한 부정적 사고가 비현실적이라는 사실을 깨닫기 위해서는 모든 미신적 물건, 안전신호, 안전행동 또는 주의분산을 없애야 합니다. 제5장에서 미신적 물건과 안전신호(기록지 5.3), 안전행동과 주의분산(기록지 5.4) 목록을 다시 살펴보고, 기록지 9.1을 사용하여 각 광장공포증 상황에 대해 최종적으로는 어떤 미신적 물건과 안전신호 또는 안전행동과 주의분산도 없이 연습하도록 계획하십시오.

이 목록에서 휴대전화는 제외시킬 수도 있습니다. 오늘날 휴대전화는 실제 응급 상황에서 때때로 매우 유용할 수 있기 때문입니다. 우리는 휴대전화를 소지하지 않더라도 심장마비나 기절 등으로 죽지 않는다는 사실을 깨닫기 위해 휴대전화 없이 여행하도록 권고합니다. 하지만 자동차 고장 등의 상황에서 휴대전화가 유용한 수단이 될 수 있다는 점도 인정합니다.

4. 최종 목표를 점진적으로 달성할 것인지 한 번에 달성할 것인지를 선택하십시오.

광장공포증 상황 직면 기록지 - 일부

광장공포증 상황 직면

상황 : 일반도로에서 운전하기

최종 목표(미신적 물건, 안전신호, 안전행동, 주의분산 없이) : 혼자 한 시간 운전하기

오늘의 목표 : 남편을 태우고 20분간 운전하기

부정적 사고(가장 두려운 결과) :

차를 제어하지 못하고 반대편 차선으로 돌진할 것이다.

예를 들면, 최종 목표가 동반자 없이(안전신호) 혼자서 한 시간 동안 돌아다니는 것이라면, 처음에는 40분간 친구와 함께 있다가 20분간 혼자서, 다음에는 20분간 친구와 함께 있다가 40분간 혼자서, 마지막으로 60분간 혼자서 돌아다니는 순서로 연습할 수 있습니다. 또는 처음부터 혼자서 60분 내내 쇼핑몰을 돌아다닐 수도 있습니다. 다른 예로, 최종 목표가 고속도로에서 6개 출구 거리를 주행하는 것이라면 2개 출구에서 시작하여 4개 출구까지 단계적으로 주행한 다음 6개 출구까지 주행할 수 있습니다.

오늘의 목표는 하루의 연습으로서, 최종 목표를 향한 단계 중 하나일 수도 있고(점진적 접근을 선택한 경우), 최종 목표와 동일할 수도 있습니다. 오늘의 목표를 정했다면, 0~100점 척도(0=전혀 없음, 50=일어날 수도/일어나지 않을 수도 있음, 100=반드시 일어남)를 사용하여 이 연습에서 가장 걱정하는 일(부정적 사고)이 일어날 가능성을 평가해 보십시오. 글상자 9.1에 사례가 나와 있습니다.

5. 사고기법을 사용하십시오.

연습을 준비할 때, 다음 질문에 답해 보십시오.

- 가장 두려워하는 일이 일어났던 적이 있는가? (만약 그런 적이 없거나 거의 일어나지 않는다면, 속단하기 오류입니다.)

- 일어날 수 있는 최악의 결과는 무엇인가? 그것에 어떻게 대처할 것인가? (만약 최악의 결과가 당신이 대처할 수 없을 만큼 끔찍할 것이라고 생각된다면, 재앙화 오류를 범하고 있는 것입니다.)
- 그런 다음,
  a. 증거를 찾는다.
  b. 현실적 확률을 따져 본다.
  c. 최악의 결과가 처음 생각만큼 끔찍하지 않다는 사실을 깨닫는다.
  d. 대처 방안을 찾는다.

글상자 9.2는 사고기법을 사용하는 예입니다.

다음 일주일 동안 선택한 상황을 (최종 목표를 직접 공략하건 점진적으로 접근하건 상관없이) 세 번 이상 연습하십시오. 만약 상황이 매우 짧다면 (예 : 엘리베이터로 네 개 층 이동하기), 하루에 연습한 시간이 합해서 한 시간에 이를 때까지 반복해서 연습하십시오. 다른 방식으로 연습하는 것은 괜

글상자 9.2 **광장공포증 상황 직면 기록지에서 사고기법을 활용한 사례**

광장공포증 상황 직면

부정적 사고(가장 두려운 결과) :

차를 제어하지 못하고 반대편 차선으로 돌진할 것이다.

그런 일이 몇 번이나 일어났습니까? 전혀 없음

증거는 무엇입니까? 감각이 없고 기운이 빠지기는 하지만, 여전히 팔과 다리를 움직일 수 있고, 생각할 수 있기 때문에 차를 제어할 수 있을 거야.

현실적 확률은 얼마입니까? (0~100, 0 = 전혀 없음, 50 = 일어날 수도/일어나지 않을 수도 있음, 100 = 반드시 일어남) : 0

대처 방안 : 편안하게 호흡하고 내가 통제하고 있음을 상기한다.

찮습니다(예 : 쇼핑몰을 돌아다니는 연습 중이라면 매번 다른 쇼핑몰에서 연습하기, 낯선 곳으로 운전 연습하는 경우 매번 다른 방향으로 운전하기). 사실 다양성은 도움이 됩니다. 다양성을 통해서 어떤 상황이든지 가장 걱정하는 일은 일어나지 않거나 예상했던 것만큼 나쁘지 않으며 대처할 수 있다는 교차절단 원리를 배울 수 있기 때문입니다. 한 번의 연습으로 불안 수준이 감소하는시 여부는 중요하지 않습니다. 중요한 것은 장기직으로 불인 수준이 줄어드는 것입니다. 이제 최대한 효과적으로 연습할 수 있는 방법을 고려해 보겠습니다.

광장공포증 상황 직면이 두렵다면

만약 광장공포증 상황 직면을 연습하는 동안 두렵거나 긴장이 된다면, 연습을 완료하는 데 도움이 되는 호흡법과 사고기법을 사용하십시오. 먼저, 다음 지침을 참조하여 호흡법을 연습하십시오.

- 호흡과 숫자 세기에 주의를 집중하십시오.
- 숨을 들이쉴 때 숫자를 세고 숨을 내쉴 때 '편안하다'라고 생각하십시오. '열'까지 세고 나서 다시 '하나'까지 거꾸로 셉니다. 호흡 주기는 6초 정도로 합니다.
- 숨을 들이쉴 때 배를 부풀리고, 숨을 내쉴 때 배를 집어넣습니다. 가슴은 상대적으로 가만히 있습니다.
- 큰 호흡이 아닌 보통 크기 호흡을 합니다.

그리고 나서 사고기법을 사용할 수 있도록 다음 핵심 질문에 답해 보십시오.

- 지금 가장 두려워하는 결과는 무엇인가?
- 그것이 일어날 현실적 확률은 얼마인가?
- 이 상황을 대처하고 관리하기 위해 무엇을 할 것인가?

상황을 벗어난다면

만약 연습을 하는 동안 공포와 불안이 너무 심해서 그 상황을 반드시 벗어나야 할 것 같다면, 가장 좋은 전략은 그 상황을 일시적으로 벗어났다가, 사고기법과 호흡법을 사용한 후 다시 돌아오는 것입니다. 다음은 몇 가지 예입니다.

- 고속도로에서 운전하는 도중에 불안과 공포가 엄습하면, 고속도로에서 벗어나 차를 안전한 곳에 세웁니다. 호흡법을 연습하고, 앞서 나열했던 핵심 질문에 답하면서 사고기법을 사용합니다. 그런 다음, 고속도로에 돌아옵니다.
- 쇼핑몰에 있는 연습을 하는 중에 두려움이 극심해진다면, 출입구 근처 또는 쇼핑몰 바로 앞에서 앉을 곳을 찾습니다. 호흡법과 사고기법을 사용한 후, 쇼핑몰에 다시 들어갑니다.

가장 중요한 원칙은 항상 돌아간다는 것입니다. 상황을 벗어나서 돌아가지 않는다면, 처음 상태로 돌아갈 뿐 아니라 성과를 이루지 못할 것입니다.

연습 후

연습을 완료하면, 기록지 9.1 '광장공포증 상황 직면'에 다음 사항을 기록하십시오.

- 연습 전에 예상했던 가장 두려운 일이 실제로 일어났습니까? (예/아니요)
- 연습 중에 불안 최고치는 얼마였습니까? (0＝없음, 10＝극심함)
- 연습을 통해 무엇을 배웠는지, 연습 전에 예상했던 것과 실제로 일어난 결과의 차이점에 대해 쓰십시오. 가장 걱정하던 일이 일어났습니까? 이 연습의 목표는 가장 걱정하던 일이 일어나지 않거나 예상만큼 나쁘지 않으며 대처할 수 있다는 사실을 배우는 것입니다. 우리는 예상했던 것과 실제 경험이 다를 때 가장 잘 배웁니다. 따라서 일어날 것이라고 예상했던 일,

날짜 : _____

상황 : _____

최종 목표(미신적 물건, 안전신호, 안전행동, 주의분산 없이) :

_____

오늘의 목표 : _____

부정적 사고(가장 두려운 결과) :

_____

그런 일이 몇 번이나 일어났습니까? _____

증거는 무엇입니까? _____

_____

현실적 확률은 얼마입니까? (0~100, 0 = 전혀, 50 = 일어날 수도/일어나지 않을 수도, 100 = 반드시) :

_____

대처 방안 :

_____

_____

_____

가장 두려워하던 일이 일어났습니까? (예/아니요) : _____

불안 최고치(0~10) : _____

0 —— 1 —— 2 —— 3 —— 4 —— 5 —— 6 —— 7 —— 8 —— 9 —— 10

없음　　　　　약함　　　　　중간　　　　　강함　　　　　극심함

연습이 끝나면 다음 질문들에 답하시오.

무엇을 배웠습니까?

_____

_____

무슨 일이 일어날 것이라고 예상했고, 실제로는 무슨 일이 일어났습니까?

_____

_____

무엇을 성취했습니까?

_____

_____

즉 가장 걱정하던 결과(예 : "정신을 잃고 쓰러질 것이다.", "비웃음을 당할 것이다.", "미쳐 버릴 것이다.")와 실제 일어난 결과(예 : "정신을 잃고 쓰러지지 않았다.", "비웃음을 당하지 않았다.", "미치지 않았다.")의 차이와 대처 방법(예 : "나는 불안했지만 이겨 냈다.")에 대해 생각해 보십시오. 쓸데없는 자기비판을 조심하십시오. 상황에 직면할 때 불안을 느끼더라도 괜찮습니다. 이는 사실 예상되는 일이며 오히려 긍정적이기도 합니다. 불안은 학습에 도움이 되며, 특히 불안은 해롭지 않으며 불안을 다스릴 수 있다는 것을 배우는 것이 가장 중요한 두 가지 요소입니다. 또한 한 번의 연습으로 불안이 감소하느냐 아니냐는 그렇게 중요하지 않습니다. 더 중요한 것은 반복 연습을 통해 궁극적으로 불안이 줄어드는 것입니다.

■ 마지막으로, 실제로 달성한 것에 대해 쓰십시오. 예를 들어, 더 멀리 운전하지 못한 것을 자책하기보다는 고속도로에서 5km를 운전한 것에 대해 자신에게 보상하는 것이 훨씬 더 유익합니다. 성과가 아무리 작아 보이더라도, 달성한 것 자체가 가장 중요합니다.

성취에 대한 기억을 공고히 하기 위해, 연습을 완료하고 나서 몇 시간 후에 무슨 일이 있었는지 뒤돌아보고 다음 날 시간을 정해 다시 한번 되돌아보십시오. 전과 마찬가지로, 예상했던 것(가장 걱정했던 결과)과 실제로 일어난 일의 차이점과 성취한 것에 대해 생각해 보십시오. 이것은 장기적으로 학습을 강화하는 데 도움이 될 것입니다.

두려움을 직면하는 데 있어서 마지막으로 중요한 점이 하나 있는데, 바로 수용입니다. 감정(두려움과 불안)을 수용한다는 것은 자신의 감정을 있는 그대로 받아들이는 것, 즉 두려움과 불안에 맞서 싸우는 대신 두려움과 불안이 존재하더라도 해롭지 않다는 것을 알고 허용하는 태도를 의미합니다. 수용은 두려움에 직면했을 때 자신의 감정을 인식하는 것을 말하며, 객관적 관찰자 입장과 밀접하게 연결되어 있습니다. 예를 들어, 집에 혼자 있는 두려운 상황을 직면하는 연습을 할 때, "나는 무서워." 또는 "손바닥이 축축해."라고 스스로 인식할 수 있습니다. 이런 상황에 직면할 때 동반되는 감정을 이런 식으로 표현하는 것은 효과적인 전략으로 보입니다. 반면 감정을 억제하거나 회피하려는 시도는 오히려 직면 연습을 약화시킬 수 있습니다.

과제

- ✎ 공황 기록과 일일 기분 기록에 공황과 기분을 계속 기록하십시오. 주말마다 경과 기록에 일주일간의 공황 횟수와 일일 불안 평균 점수를 기록하십시오.
- ✎ 일주일 동안 제10장을 읽고 가족 또는 친구의 참여에 관해 학습하십시오.
- ✎ 일주일 동안 공황이 발생할 때마다 확률 바꾸기와 관점 바꾸기를 연습하십시오.
- ✎ 일주일 동안 광장공포증 상황을 세 번 이상 연습하십시오. 광장공포증 순위의 상황을 한 번에 한 가지 이상 연습할 수 있습니다.
- ✎ 광장공포증 상황 직면을 세 번 이상 연습한 후 제2절로 넘어가십시오.

자가평가

다음 질문에 '예' 또는 '아니요'로 답하십시오. 정답은 부록에 수록되어 있습니다.

1. 광장공포증 상황을 직면할 때 자신의 감정은 고려하지 않는 것이 중요하다.	예	아니요
2. 광장공포증 상황을 간헐적으로 연습해도 괜찮다.	예	아니요
3. 광장공포증 상황은 한 번만 연습한다.	예	아니요
4. 광장공포증 상황에 있을 때 불안이나 공포를 느낀다면 실패한 것이다.	예	아니요
5. 궁극적으로는 미신적 물건이나 안전신호, 안전행동 또는 주의분산 없이, 충분한 시간 동안 충분한 횟수로 광장공포증 상황 직면을 연습해서 새로운 것을 배울 수 있도록 하는 것이 중요하다.	예	아니요

6. 광장공포증 상황을 직면하는 목표는 가장 두려워하던 결과는 일어나지 않거나 드물게 일어나며, 최악의 결과라고 하더라도 대처 방안이 있다는 것, 그리고 두려움과 불안을 다스릴 수 있으며, 지금까지 회피했던 것을 성취할 수 있다는 것을 깨닫는 것이다.	예	아니요

제 2 절 | 광장공포증 상황 직면 검토와 지속적인 계획 및 연습

광장공포증 상황 직면 연습의 검토

무엇을 배웠습니까? 이 연습이 다음 사항을 깨닫는 데 도움이 되었습니까?

- 속단하기와 재앙화 오류를 범했다.
- 두려움과 불안을 다스릴 수 있다.
- 지금까지 회피했던 것을 성취할 수 있다.

물론 이 세 가지 목표는 지속적이고 반복적인 연습을 통해서 더욱 완벽하게 실현될 것입니다.

상황을 벗어난다면

때로는 불안감에 압도되어, 상황을 벗어나 그날 다시 돌아오지 않을 수도 있습니다. 이것은 학습 경험으로 생각하십시오. 만약 상황을 벗어났다면, 그 이유에 대해 생각해 보십시오.

- 어떤 증상을 느꼈습니까?
- 어떤 부정적 사고가 마음속에 떠올랐습니까?
- 그 활동을 계속하면 어떤 일이 일어날 것이라고 예상했습니까?

당신은 아마 속단하기나 재앙화 또는 둘 다 범했을 것입니다. 어느 경우든 사고기법을 사용해서 증거를 찾고 객관적으로 생각하기를 시도해 보십시오.

또한 이 연습은 불안이나 공포를 완전히 없애는 데 목적이 있는 것이 아닙니다. 따라서 연습 초기에는 불안을 느껴야 하며, 그렇지 않으면 할 필요가 없습니다. 실제로, 약간의 불안은 두려움과 불안이 그 자체로는 위험하지 않으며 충분히 다스릴 수 있다는 사실을 깨닫는 데 도움이 됩니다. 더구나 당신은 지금까지 회피해 왔던 것을 직면하고 있기 때문에 처음에는 오히려 불안이 증가했다가 감소할 수 있습니다. 그러나 연습을 반복하면 결국 불안은 감소할 것입니다.

만약 동일한 상황으로 여러 번 연습을 반복한 후에도 여전히 불안 수준이 높다면, 불안을 수용하고 그 상황에 대처하는 데 도움이 되는 호흡법과 사고기법에 집중하는 대신 불안을 느끼지 않는 데만 너무 집중하고 있을 수 있습니다.

수용이 중요하다는 것을 기억하십시오. 불안과 공황은 해롭거나 위험하지 않기 때문에 감정으로 수용할 수 있습니다. 자신의 감정을 더 객관적으로 알아차리고, 느끼는 대로 자신에게 말할수록 감정을 더 쉽게 수용할 수 있습니다. 실제로, 광장공포증 상황 순위의 상황을 직면할 때 자신의 감정을 직접 표현하면(예 : "나는 무서워.", "공포감을 느껴.", "심장이 빨리 뛰어.") 수용이 증가하고 노출 연습이 더 효과적입니다. 이러한 감정 경험을 숨기거나 억제하면 더 힘들어집니다.

지속적인 광장공포증 상황 직면 계획 및 연습

광장공포증 상황 순위에서 다음 항목을 선택하고 나서, 제1절에서 설명한 동일한 원리를 적용시키십시오. 순위의 모든 항목을 완료할 때까지 이 과정을 계속하십시오.

첫 공황의 맥락

첫 공황을 경험하는 맥락은 특별한 중요성을 지니는 것 같습니다. 예를 들어, 운전에 대한 불편감이 야간에 혼자 운전해서 아무도 없는 집으로 돌아가는 길에 공황을 겪고 나서부터 시작되었다고 합시다. 그 후, 낮에 일반도로나 고속도로를 운전하는 것도 두려워졌습니다. 이 경우, 낮과 밤에 일반도로와 고속도로를 운전하는 상황을 직면하는 것 외에도 첫 공황이 왔던 동일한 조건, 즉 밤에 혼자 아무도 없는 집으로 운전해서 돌아가는 상황에 직면하는 것이 특히 더 도움이 됩니다. 유사한 예로, 첫 공황이 감기를 앓고 있을 때 붐비고 더운 극장에서 영화를 보다가 발생했다고 합시다. 극장에서 영화를 보는 것에 대한 공포를 직면할 때는 첫 공황과 유사한 조건, 즉 붐비고 더운 극장에서 코가 막히는 것 같은 감기 증상이 있을 때 직면을 하는 것이 특히 도움이 될 것입니다.

과제

✎ 공황 기록과 일일 기분 기록에 공황과 기분을 계속 기록하십시오. 주말마다 경과 기록에 일주일간의 공황 횟수와 일일 불안 평균 점수를 기록하십시오.

✎ 일주일 동안 공황이 발생할 때마다 확률 바꾸기와 관점 바꾸기를 연습하십시오.

✎ 일주일 동안 광장공포증 상황을 세 번 이상 연습하십시오. 광장공포증 순위의 모든 항목을 연습할 때까지 계속하십시오. 광장공포증 상황 순위에서 한 번에 한 가지 이상 상황을 연습할 수 있습니다.

✎ 첫 공황의 맥락에서 광장공포증 상황 직면을 연습하는 방법을 강구하십시오.

✎ 광장공포증 상황 순위의 상황을 절반 이상 완료했거나 치료 프로그램 10주 차에 도달하면 제3절로 넘어가십시오.

광장공포증 상황에서 신체 증상 직면

(가능성은 낮지만) 광장공포증 상황을 직면하면서 평소에 자신을 괴롭히는 신체 증상을 경험하지 않는 경우도 있을 수 있습니다. 운전하는 것을 걱정하는 어떤 여성을 한번 생각해 봅시다. 이 여성은 팔에 힘이 빠지는 느낌이 들면 특히 더 두려워하는데, 그런 느낌이 들면 차를 제어하지 못할 것이라고 잘못 생각하고 있기 때문입니다. 그녀가 팔에 힘이 빠지는 느낌이 없이 매일 고속도로에서 운전하는 상황을 직면한다면 어떤 일이 일어날 것 같습니까? 다시 그런 느낌이 들지 않는 한은 문제가 없겠지만, 그럴 가능성은 거의 없습니다. 그러므로 광장공포증 상황에서 신체 증상이 나타날 경우를 대비하는 것이 가장 좋습니다.

신체 증상을 절대로 느끼지 않는다는 보장이 있다면 광장공포증 상황에 직면하는 것이 훨씬 쉽겠지만, 그럴 가능성은 거의 없습니다. 특히 그 상황에 대해서 조금이라도 불안을 느낀다면 더욱 그렇습니다. 알다시피, 불안은 그 자체로 증상을 불러일으킵니다. 더불어, 불안과 상관없이도 붐비는 쇼핑 구역에서 체온이 올라가거나, 운전 중에 눈이 피로하거나, 식당에서 식사 후 더부룩한 느낌 등 신체 증상이 나타날 수 있습니다. 두려워하는 증상이 나타나지 않기를 바라기보다는 신체 증상과 상황 모두를 직면하는 것이 낫습니다.

지금까지 제8장에서 불안을 유발하는 신체 증상을 직면하는 법을 배웠습니다. 이제 제8장의 내용을 통합하여, 신체 증상을 수용하고 심지어 과장해서 광장공포증 상황을 연습해 볼 때입니다.

두려운 신체 증상을 **일부러** 일으키기 위해 어떤 상황에 진입한다는 것은 그 증상을 두려워하지 않는다는 증거입니다. 반대로, 두려운 신체 증상이 나타나지 않기를 바라면서 어떤 상황에 들어간다는 것은 여전히 그 증상을 두려워한다는 증거입니다. 그러므로 두려움을 극복하는 가장 포괄적인 방법은 신체 증상을 일부러 일으키려고 그 상황에 진입하는 것입니다. 다양한 광장공포증 상황을 직면할 때 의도적으로 신체 증상을 유발할 수 있는 여러 방법이 있습니다.

- 히터를 켜고 창문을 닫은 채 운전하기(열감)
- 모직 의류, 재킷, 터틀넥 스웨터 껴입기(열감)
- 걸어가면서 갑자기 뒤돌아보기(어지러움, 비틀거림)
- 커피 마시기(흥분감)
- 파스타 같은 무거운 음식 먹기(배부른 느낌)
- 계단 뛰어오르기(심박수 증가 또는 두근거림)
- 햇빛이 강한 날 선글라스 쓰지 않기(눈의 피로감)
- 넥타이나 스카프 매기(목 주위 압박감)

다음 단계에 따라서 다음 연습을 고안하십시오. 기록지 9.2 '증상 및 광장공포증 상황 직면'을 사용하십시오. 기록지는 복사해서 사용할 수 있습니다.

1. 광장공포증 순위에서 연습할 상황을 정하십시오. 그 상황은 아직 연습하지 않은 새로운 상황일 수 있습니다. 만약 순위의 모든 상황을 연습했다면, 불안 점수가 가장 높은 상황을 다시 연습하십시오.
2. 심화시킬 증상을 선택하고, 불안 상황에 대처할 때 그 증상을 언제, 어떻게 의도적으로 유발할지 결정합니다. 이것을 증상 과장이라고 합니다.
3. 부정적 사고가 비현실적이라는 것을 진정으로 깨닫기에 가장 좋은 연습조건을 생각해 보십시오. 이것을 최종 목표라고 하며, 미신적 물건, 안전신호, 안전행동, 주의분산 없이 달성해야 합니다.
4. 최종 목표를 점진적으로 달성할 것인지 아니면 한 번에 달성할 것인지를 결정하십시오. 만약 점진적 접근을 선택한다면, 오늘의 목표가 최종목표와 다를 것입니다.
5. 불안한 증상을 경험하는 동안 이 상황에서 가장 걱정하는 결과가 무엇인지 생각해 보십시오. 이것을 부정적 사고라고 합니다. 이 연습에서 가장 두려운 결과(부정적 사고)가 실제로 일어날 가능성을 0~100점 척도

기록지 9.2   증상 및 광장공포증 상황 직면

날짜 : _____

상황 : _____

신체 증상 : _____

최종 목표(미신적 물건, 안전신호, 안전행동, 주의분산 없이) :

_____

_____

오늘의 목표 :

_____

_____

부정적 사고(가장 두려운 결과) :

_____

그런 일이 몇 번이나 일어났습니까? _____

증거는 무엇입니까?

_____

현실적 확률은 일마입니까? (0~100, 0=전혀, 50=일어날 수도/일어나지 않을 수도, 100=반드시) :

_____

대처 방안 :

_____

가장 두려워하던 일이 일어났습니까? (예/아니요) : _____

불안 최고치(0~10) : _____

0 —— 1 —— 2 —— 3 —— 4 —— 5 —— 6 —— 7 —— 8 —— 9 —— 10

없음   약함   중간   강함   극심함

연습이 끝나면 다음 질문들에 답하시오.

무엇을 배웠습니까?

_____

_____

무슨 일이 일어날 것이라고 예상했고, 실제로는 무슨 일이 일어났습니까?

_____

_____

무엇을 성취했습니까?

_____

_____

(0＝전혀 없음, 50＝일어날 수도/일어나지 않을 수도 있음, 100＝반드시 일어남)를 사용해서 평가하십시오.

6. 그러고 나서 그 부정적 사고에 대해 사고기법을 적용해 보십시오(그런 일이 몇 번이나 일어났는가? 증거는 무엇인가? 현실적 확률은 얼마인가? 대처 방법은 무엇인가?).

7. 연습을 마치고 나서, 가장 걱정하는 결과가 일어났는지 여부와 불안 최고치를 기록하십시오. 이 연습에서 배운 것, 예상하던 것과 실제 결과의 차이, 실제로 성취한 것에 관해 쓰십시오.

과제

✎ 공황 기록과 일일 기분 기록에 공황과 기분을 계속 기록하십시오. 주말마다 경과 기록에 일주일간의 공황 횟수와 일일 불안 평균 점수를 기록하십시오.

✎ 일주일 동안 공황이 발생할 때마다 확률 바꾸기와 관점 바꾸기를 연습하십시오.

✎ 일주일 동안 광장공포증 상황과 증상 직면을 일주일에 세 번 이상 연습하십시오. 광장공포증 상황 순위의 상황을 한 번에 한 가지 이상 연습할 수 있습니다. 모든 상황과 불안한 증상을 가능한 한 다양한 방법으로 반복해서 연습하십시오.

✎ 모든 연습이 끝나면 제10장으로 옮겨 가십시오.

조력자의 참여

- 다른 사람을 참여시키는 이유를 이해한다.
- 다른 사람을 참여시키는 효과적인 방안을 계획한다.

이 장에서 우리는 광장공포증 상황에 대한 두려움을 직면하는 데 도움을 받기 위해 남편이나 아내, 파트너, 가족 또는 가까운 친구 같은 조력자를 참여시키는 방법을 제시합니다. 이 연습을 도와줄 사람이 없거나 혼자 작업하는 것을 선호한다면 이 단락을 건너뛸 수 있습니다. 그러나 다른 사람, 특히 배우자나 파트너를 참여시키면 이점이 있을 수 있으므로, 적어도 치료자와 상의할 가치가 있는 옵션입니다(다음에 설명됨).

왜 다른 사람의 도움을 받는가?

연구에 의하면 배우자나 파트너, 가족이나 친구 등이 치료 과정에 참여하면 특히 공식적인 치료가 끝난 후에도 지속적인 개선이 이어질 수 있습니다. 그러므로 당신을 기꺼이 도와줄 가족이나 친구, 파트너 또는 배우자의 도움을 구하십시오.

이것은 생각해 보면 이해가 됩니다. 첫째, 광장공포증 행동은 주변 사람들에게 영향을 미칠 수 있습니다. 상황을 회피하면 자신의 업무나 집안일을 다른 사람이 대신해야 할 수 있습니다. 다른 사람들이 당신을 돕기 위해 이런 일을 할 수도 있지만, 정상적인 활동을 대신함으로써 의도치 않게 공포와 회피를 강화할 수 있습니다. 예를 들어, 운전과 줄 서서 기다리는 것에 대한 공포가 있어서 배우자가 항상 퇴근길에 장을 대신 봐 온다고 합시다. 결국 당신은 운전을 하거나 줄 서서 기다리지 않기 때문에 이런 상황을 덜 두려워하는 법을 배울 기회가 없습니다. 나아가 배우자에 대한 일종의 의존이 생길 수 있습니다. 즉 배우자에게 점점 더 많이 의존하여 스스로 해 왔던 일을 배우자에게 맡기게 됩니다. 짐작할 수 있듯이, 이러한 의존은 다른 문제, 즉 배우자와의 사이에서 분노와 다툼 같은 많은 문제를 야기합니다. 배우자는 처음에는 온전히 당신을 돕기 위해 애썼고, 당신은 그것이 당연한 일이라고 생각했기 때문입니다. 이런 패턴을 깨닫는 것이 변화를 향한 첫걸음입니다.

또 다른 가능성은 배우자나 파트너, 가족 또는 친구가 당신이 두려워할 때 더 많은 관심을 주는 것이 무심코 공포나 회피를 더 강화할 수 있다는 것입니다. 만약 두렵지 않을 때보다 두려울 때 관심(누구나 받고 싶어 하는)을 더 많이 받고 더 지지적이라면, 특히 관계에 갈등이 많은 경우, 배우자나 파트너의 긍정적인 관심을 얻기 위해 이 패턴에 의존하는 것이 더 쉬울 수 있습니다. 물론 이런 패턴을 충분히 인지하지 못할 수도 있습니다. 이것은 의식여부와 상관없이, 사람들은 원래 관심과 지지를 받으면 애초에 관심을 유발했던 행동을 강화하는 경향이 있기 때문입니다. 예컨대, 여자친구가 당신이 불안해하면 특별히 더 오래 안아 주거나 보살펴 주고, 당신이 불안하다는 것을 알면 다툼도 금방 잊어버린다고 합시다. 불안하면 그녀의 긍정적 관심을 끌 수 있다는 것을 어떤 식으로든 터득하는 것이 이해가 될 것입니다. 물론 이것은 모든 불안이 긍정적 보상을 얻기 위한 방편이라는 의미는 아닙니다. 불안의 이득보다는 불안으로 인해 치러야 하는 대가가 항상 더 큰 법입니다. 그럼에도 불구하고, 관계 속에서 이런 유형의 강화는 불안을 유발하는 요인으로 작용할 수 있으므로 반드시 고쳐야 합니다. 심지어 배우자나 가족들은 어느 정도까지는 당신의 의존을 즐길 수 있으나, 불행히도 이로 인해 그들은 점점 더 당신의 책임을 떠맡게 될 수도 있습니다.

또 다른 가능성은 공황과 광장공포증의 본질을 이해하지 못하는 배우자나 파트너, 부모님 또는 친구가 당신을 걱정한 나머지 공황 증상에 과잉 반응하거나 공황 증상을 과장함으로써 두려움을 오히려 악화시키는 것입니다. 예를 들어, 당신이 연습 중에 쓰러질 것 같다고 하면(실제로는 약간 고통스러울 뿐이지만), 연습을 돕는 사람들이 "세상에나, 빨리 병원에 가는 게 낫겠어."와 같이 반응하는 것입니다. 다시 말하지만, 배우자나 친구는 당신을 돕기 위해 노력할 뿐이지만, 이런 패턴을 깨닫는 것이 변화를 향한 첫걸음입니다.

마지막 가능성은, 가까운 사람들이 당신의 고통에 대해 분노, 좌절, 이해 부족, 지원 부족으로 반응하는 것입니다. 이것은 어떤 점에서는 이해할 수 있습니다. 배우자나 파트너, 가족 또는 친구는 그들이 원하지 않거나 생각조차 해 본 적이 없는 당신의 업무나 집안일을 어쩔 수 없이 대신해야 한다고 느낄 수 있기 때문입니다. 바쁘게 일하는 사람들에게는 과외로 일을 떠맡는 것이 큰 부담일 수 있습니다. 가까운 사람이 문제의 본질을 충분히 이해하지 못한다면 이런 상황은 더 악화될 수 있습니다. 그들은 심지어 당신이 겪는 문제는 모두 당신이 지어낸 것이라고 비난할 수도 있습니다. 당신이 어떤 날은 친구들과 어울리거나 마트에 갈 수 있지만, 어떤 날은 이런 일을 할 수 없는 것을 보고 그들은 당신이 정말 하고 싶다면 이런 일을 할 수 있을 거라고 생각할지도 모릅니다. 만약 지지하지 않거나 비난하는 파트너가 있다면, 기저 스트레스가 더해져 프로그램 진행이 더디고 힘들어질 수 있습니다. 이런 경우에는 파트너에게 공황과 광장공포증에 대한 설명을 읽게 하고, 그들이 치료에 기여하는 가장 효과적인 방법에 관해 설명하는 것이 좋습니다.

가까운 사람들에게 지나치게 의존하고 밀착하는 관계를 피하고 그들에게 기피당하고 비난받지 않도록 주의할 필요가 있습니다. 회복 과정에서 이들의 도움을 받기 위해서는 적절한 균형을 취해야 합니다. 가까운 사람(이후 조력자로 칭함)을 치료에 참여시킴으로써 그가 당신을 도울 수 있으며, 이 워크북에 설명된 모든 원칙을 적용하는 하나의 '문제해결' 팀이 될 수 있습니다.

조력자를 이해시키는 방안

조력자는 공황과 광장공포증을 이해하기 위해 이 워크북을 읽어 보거나, 전문가의 설명을 듣거나, 당신에게 가능한 한 객관적인 방식으로 설명을 요청할 수 있습니다. 후자가 아마 가장 힘들 것입니다. 두 사람 사이에는 공황과 광장공포증 그리고 그것이 관계에 미치는 영향에 관해 이미 격한 감정이 생겼을 수 있기 때문입니다. 어떤 치료자는 회기마다 가까운 사람을 동반할 수 있는지를 실제로 논의할 수 있는데, 이는 치료 중에 발생하는 관계 문제를 다루는 이점이 있습니다. 또 다른 치료자는 가까운 사람을 가끔씩만 데려오거나 치료 시작 또는 종료 때만 동반하도록 제안할 수도 있습니다. 일반적으로 가까운 사람의 참여를 제한할 만한 합당한 이유가 없다면, 더 많이 참여할수록 좋습니다.

물론 조력자는 당신을 기꺼이 이해하고 도우려는 동기가 있어야 합니다. 그러나 당신이 나아지기를 바라지만 자신이 직접 돕는 것은 꺼리는 사람들도 있을 수 있습니다. 이런 경우, 당신이 겪고 있는 것을 더 잘 이해시키기 위해 이 워크북을 읽어 보거나 전문가와 대화해 보도록 권하는 것이 가장 좋습니다. 조력자에게 알려야 할 또 다른 중요한 개념은 변화가 당신뿐 아니라 그들에게도 도움이 된다는 사실입니다. 다시 말해, 공황과 광장공포증이 완화되면 그들과의 관계는 더 좋아질 가능성이 높습니다.

이 장의 나머지 부분은 가까운 사람들이 공황과 광장공포증에 대해 더 자세히 배우고 회복에 기여하기로 동의했다는 전제하에 진행됩니다. 더 정확히 말하자면, 가까운 사람들은 광장공포증 상황을 직면할 때 일종의 코치나 조력자 역할을 한다는 의미입니다.

함께 극복하기 위한 준비

두 사람이 한 팀으로 공황과 광장공포증을 극복하기 위한 준비를 하는 데는 몇 가지 단계가 있습니다.

조력자는 공황과 광장공포증에 대해 알아야 합니다. 우리는 조력자들이

이 워크북을 읽어 볼 것을 권합니다. 덧붙이자면, 공황과 광장공포증은 의도적이거나 지어낸 것이 아니며, '머릿속에만 있는 문제'이거나 '정신만 차리면 모든 것이 괜찮아질 것'이 아니라는 점을 이해해야 합니다.

광장공포증을 치료하기 위해 함께 노력하면서 조력자의 삶이 어떤 영향을 받았는지 파악하는 것이 중요합니다. 조력자와 함께 이 문제로 인해 달라진 삶의 영역을 나열하고 토론하십시오. 물론, 이 치료의 목표는 당신의 고통뿐 아니라 조력자의 스트레스도 함께 덜어 주는 것입니다. 문제 영역을 서로 공유하는 것은 하나의 팀으로서 변화를 시작하는 좋은 방법입니다.

다음으로, 조력자와 토론을 계속하면서, 무심코 당신의 공포와 회피를 강화할 수 있는 조력자의 행동을 확인하는 것이 좋습니다. 조력자와 함께 공포와 회피를 강화하는 행동을 모두 나열해 보십시오. 특히 조력자가 당신이 편안할 때보다는 불안할 때 가장 긍정적인 관심을 주는지 여부도 토론하십시오. 그리고 조력자가 대신하는 당신의 집안일이나 업무가 무엇인지도 확인하십시오. 마지막으로, 조력자가 당신의 신체 증상에 과잉 반응하여 오히려 신체 증상을 악화시키는 방식들을 찾아보십시오. 이 장의 첫 절을 읽어 보면 무심코 하는 조력자의 행동이 당신의 고통을 지속시킬 수 있다는 사실을 깨닫는 데 도움이 될 것입니다.

다음 단계는 당신의 조력자가 공황과 광장공포증을 극복하는 방법에 관해 배우는 것입니다. 즉 당신이 두려운 신체 증상과 광장공포증 상황에 직면하는 것을 돕기 위해 조력자들은 호흡법과 사고기법을 이해해야 합니다. 이에 더해, 조력자로 하여금 심장박동이 빨라지면 죽을 수도 있다는 식으로 공황 경험을 과장하지 않도록 하십시오. 대신 당신이 불안할 때 사고기법을 활용하도록 도와야 합니다. 또한 진전은 순조롭지 않고 기복이 있기 마련이며, 성공을 위해서는 많은 노력을 꾸준히 해야 하기 때문에 조력자의 지원과 인내에 대해 격려를 아끼지 마십시오.

조력자도 이 책의 사고기법 부분(특히 제7장)을 읽고 신체 증상과 광장공포증 상황을 직면할 준비를 할 때 사고기법을 사용하도록 격려하면서 사고기법에 익숙해질 수 있습니다. 이런 방식으로 조력자는 당신이 증거를 검토하고 대안을 모색할 때 도움이 될 수 있는 객관적 관점을 제공할 수 있습니다.

조력자의 직접적인 도움을 받아 신체 증상 또는 광장공포증 상황을 직면할 준비를 하는 데 있어 다음 단계는 매우 불안할 때 소통하는 방법을 고려하는 것입니다. 때때로 우리는 고통을 느낄 때 의도치 않은 말을 하곤 합니다. 따라서 조력자와 함께 광장공포증 상황을 직면하기 전에 가장 효과적인 의사소통 유형을 연습해 두는 것이 좋습니다.

특히 사람이 많은 상황에서 조력자에게 불안이나 고통 정도를 말해야 할 때는 어색함을 줄이기 위해 0~10점 척도를 사용하십시오. 직면 중에 숫자 척도를 사용하면, 어떤 기분인지 말하느라 집중력이 흐트러지거나 지나치게 주관적으로 말하는 것을 방지하고 객관성을 유지하는 데 도움이 됩니다. 조력자에게 "너무 무서워."라고 하는 대신 불안 수준이 6이라고 하는 것이 훨씬 더 효과적입니다. 마찬가지로 조력자도 당신의 기분을 평가할 때 "기분이 얼마나 안 좋아?"라고 묻지 않고 점수로 물어보는 것이 훨씬 더 효과적입니다.

물론, 조력자에게 얼마나 불안한지 전혀 알리지 않고 싶을 수도 있습니다. 이것은 불안에 관해 말하기가 쑥스럽기 때문일 수도 있고 불안이 더 심해질 것이라는 걱정 때문에 회피하는 것일 수도 있습니다. 불안으로부터 주의를 분산하거나 회피하려는 시도는 장기적으로 볼 때 도움이 되지 않으며, 자신의 반응에 대한 객관적 자각을 유지하는 것이 훨씬 낫다는 점을 기억하십시오. 불안을 조력자와 논의하는 것이 처음에는 불편하고 어색하지만 대부분 나아질 가능성이 높습니다. 두 사람이 불안과 불안의 관리에 관해 대화하는 것은 차츰 더 익숙해집니다.

또한 가까운 사람들은 너무 무신경하거나 지나치게 압박하지 않도록 최선을 다해야 합니다. 예를 들면, 그들은 확인하지 않고도 당신이 얼마나 불안한지 또는 무슨 생각을 하고 있는지 짐작할 수 있습니다. 반대로, 당신이 상황을 회피하거나 거기서 도망친다면 그들은 화를 내거나 좌절할 수 있습니다. 노출 중에 당신이 주저하거나 포기하려고 할 때 조력자가 어떻게 반응하는 것이 가장 좋은지 미리 상의해 두는 것은 부정적 의사소통을 방지하는 가장 좋은 방법입니다. 다시 말하지만, 이 문제는 두 사람이 함께 해결하십시오. 만약 당신이 매우 두려워하거나 포기하려고 할 경우 당신과 조력자가 각자 무엇을 할 것인지 논의하십시오. 특히 공공장소 같은 곳에서는 중요한 개념을 전달하기 위해 몇 가지 키워드를 사용하기로 할 수도 있습니다. 예를 들어, 다음과 같은 시나리오를 생각해 보십시오.

당신 : 불안이 심해. 6점이야. 포기하고 싶어.

조력자 : 생각은?

당신 : 맨날 같은 생각이지. 너무 덥고 땀이 나. 정신을 잃고 쓰러질 것 같아.

조력자 : 속단하기?

당신 : 맞아. 하지만 그런 느낌이 평소보다 더 강하게 들어.

조력자 : 몇 번?

당신 : 나도 알아. 한 번도 쓰러진 적은 없었어.

조력자 : 증거는?

당신 : 응. 증거에 관해서 생각할 수 있도록 앉아야겠어.

보다시피, 조력자는 두 사람이 미리 약속한 몇 가지 키워드를 사용했습니다. 키워드는 상황을 벗어나는 대신 앉아서 증거를 찾고 대처 전략을 생각하도록 유도했습니다.

다른 예를 보겠습니다.

당신 : 나는 무서워.

조력자 : 점수는?

당신 : 7점. 숨을 쉴 수 없을 것 같아.

조력자 : 느낌이야. 정말 숨을 쉴 수 없을까?

당신 : 나도 알아. 난 충분히 숨을 쉬고 있어. 하지만 너무 힘들어.

조력자 : 복식호흡?

또 다른 예입니다.

당신 : 오늘은 연습하고 싶지 않아. 너무 지쳤어. 너무 힘들고 피곤해.

조력자 : 오늘 뭘 하기로 했지?

당신 : 은행에 가서 대기줄에서 기다리는 것, 월요일에 그 은행에 가서 같은 걸 했어. 오늘은 그럴 기분이 아니야.

조력자 : 나도 어려운 건 알아. 하지만 도움이 될 거야. 예전에 가지 못했던 곳에 가게 될 거야.

당신 : 그래. 하지만 난 좀 쉬고 싶어.

조력자 : 네 느낌 때문에 부정적인 생각을 하는 것 아냐?

당신 : 아마도 그럴 거야. 너무 힘들어서 정신을 잃고 쓰러질 것 같아.

조력자 : 좋아. 증거는?

당신 : 나도 알아, 아무것도 없다는 걸. 알았어, 줄 설게.

또한 조력자의 지지는 매우 중요합니다. 지지는 공포와 회피를 극복하려는 당신의 시도를 인식하고 그런 시도를 강화하는 것을 의미합니다. 이것은 곤란을 겪을 때 가장 많은 관심을 주는 일반적인 강화 패턴과 다를 수 있습니다. 때로는 당신이 오랫동안 회피했던 활동을 시작한 것이 얼마나 힘들고 대단한 일인지를 가까운 사람들이 인정해 주지 않으면, 성공을 했더라도 기운이 빠질 수 있습니다.

예를 들어, 파트너와 레스토랑에서 저녁을 먹고 싶었다고 합시다. 두 사람이 예전에 정말 좋아했던 곳이었습니다. 당신은 오랜만에 준비가 된 것 같아 조력자가 퇴근해서 집에 오자마자 그 말을 꺼냈습니다. 그러나 그는 피곤하니까 다른 날로 미루자고 합니다. 그가 그 순간에 피곤했을 수도 있고 당신의 마음을 헤아리지 못했다는 것을 이해할 수는 있습니다. 그러나 그가 피곤하더라도 당신이 주도적으로 계획을 세웠다는 사실의 중요성을 깨닫고, 함께 저녁을 먹으러 감으로써 당신의 진전을 강화해 주었다면 좋았을 것입니다. 한편, 조력자는 자신의 문제나 걱정 때문에 당신이 원하는 만큼 항상 지지적일 수 없다는 점을 이해하는 것도 중요합니다.

당신이 두려움에 직면할 때의 조력자

지금까지의 모든 정보를 토대로, 두려운 증상이나 광장공포증 상황에 직면할 때 조력자를 참여시킬 수 있습니다. 조력자는 직면 전후에 과제에 관해 상의하고, 사고기법과 복식호흡을 사용하도록 알려 주며, 직면의 성과를 객관적으로 검토하여 도움을 줄 수 있습니다. 또한 노출 연습을 완료할 때 조력자가 함께 할 수 있습니다. 그러나 조력자가 함께 있으면 하나의 안전신호가 될 수 있다는 점을 기억하십시오. 따라서 궁극적으로는 조력자 없이 홀로 증상 또는 광장공포증 상황을 직면할 수 있어야 합니다. 다음은 조력자로부터 독립하여 스스로 직면하는 방법의 예입니다.

- 조력자가 운전하는 차에 타고 고속도로 달리기
- 조력자를 옆에 앉히고 고속도로 운전하기
- 조력자가 다른 차로 앞서 달릴 때 고속도로 운전하기
- 조력자가 다른 차에 탄 채 일정한 간격으로 뒤따라올 때 고속도로 운전하기
- 조력자가 1km 뒤에서 다른 차로 따라올 때 고속도로 운전하기
- 조력자를 목표지점에서 기다리게 하고 고속도로 운전하기
- 조력자의 도움 없이 고속도로 운전하기

과제

✎ 제8장과 제9장으로 돌아가서 신체 증상과 광장공포증 상황 직면 계획을 세우고 조력자의 도움을 받거나 받지 않고 연습을 계속하십시오.

자가평가

다음 질문에 '예' 또는 '아니요'로 답하십시오. 정답은 부록에 수록되어 있습니다.

1. 가족이나 친구는 당신의 치료에 절대 개입해서는 안 된다. 빨리 나아야 한다는 압력이 될 뿐이기 때문이다.	예	아니요
2. 가족이나 친구가 당신에게 관심을 가지거나 일을 대신해 주면 광장공포증을 더 강화시킬 수 있다.	예	아니요
3. 광장공포증 상황을 직면할 때 조력자가 있다면 그 사람은 이 워크북을 읽어 보아야 하며, 자신의 삶이 광장공포증에 어떤 영향을 받았는지 그리고 그가 광장공포증을 어떻게 강화할 수 있었는지 생각해 보고, 호흡법과 사고기법에 관해서도 배워야 한다.	예	아니요
4. 불안할 때는 조력자와 대화하지 않는 것이 낫다.	예	아니요
5. 조력자는 광장공포증 상황을 직면할 때 항상 당신과 함께 있어야 하며 당신을 혼자 두지 말아야 한다.	예	아니요

PART 4

미래를 위한 계획

이 프로그램의 제4부에서는 지금까지 이룬 성과를 유지하고
발전시키기 위한 계획을 세웁니다.

약물치료

- 불안과 공황의 약물치료에 관해 배운다.
- 이 프로그램에서 설명하는 기법들과 함께 약물치료를 사용할 수 있는 방법을 배운다.
- 약을 중단하는 방법에 관해 배운다.

제 1 절 | 불안에 대한 약물치료

불안과 공황을 겪는 많은 사람이 의사의 처방을 받아 약을 복용합니다. 이경우, 매일 약을 복용할 수도 있고 필요할 때만 복용할 수도 있습니다. 이 프로그램에 참여하는 많은 사람이 약물치료를 시작하지 않고 프로그램을 마칩니다. 또 일부는 약을 선호하지 않더라도 의사의 조언에 따라 약을 복용합니다. 그러나 불안과 공황 때문에 약을 원하는 사람들도 많습니다. 어떤 사람들은 불안과 공황이 너무 심해서 하루라도 더 견디기 힘들고 가능하면 빨리 증상을 가라앉히고 싶어 합니다. 어떤 사람들은 지금 당장 이 워크북의 정보를 숙지하는 데 시간을 할애할 여유가 없다고 느낄 수도 있는데, 이들에게는 약물치료가 매력적인 옵션입니다. 가장 오래 걸리는 약물도 대개 3주 이내에 효과가 나타나며, 일부 단기 작용 약물은 하루나 이틀 안에 효과가 나타날 수 있습니다. 물론 어떤 사람들은 단순히 자신의 불안에 가장 좋은 치료법이라고 굳게 믿기 때문에 약물치료를 원합니다.

어떤 경우이든, 심리적 치료를 위해 우리 클리닉을 방문하는 사람들 중 약 60% 정도는 불안 때문에 약을 복용하고 있습니다. 그중에는 꽤 오랫동안 약을 복용한 사람이 있는 반면, 의사로부터 증세를 완화시키기 위한 약을 몇 주간 처방받고 나서 가능한 한 빨리 인지행동치료를 받도록 권유받은 사람도 있습니다.

제1장에서 언급했듯이, 우리는 이 프로그램을 시작하기 전에 반드시 약을 끊도록 권유하지 않습니다. 많은 사람이 약을 처방한 의사와 상의하여 결국 약을 끊습니다. 이 프로그램에 참여하는 사람들의 절반 정도가 프로그램을 마칠 때까지 약을 끊으며, 다른 사람들은 프로그램을 마친 후 1년 이내에 약을 끊습니다. 약을 끊고 싶을 때 약 복용을 중단하는 방법에 대해서는 뒤에서 설명하겠습니다.

현재까지 연구 결과에 따르면 일부 유형의 약은 적절한 용량으로 처방된다면 불안이나 공황을 적어도 단기간 완화하는 데 효과가 있음이 밝혀졌습니다. 그러나 이런 종류의 약은 대부분 계속 복용하지 않으면 장기적인 효과가 없습니다. 약을 복용하는 동안 불안과 공황에 대처하는 보다 새롭고 효과적인 방법을 익히지 않는다면, 이런 약의 효과는 사라질 수 있습니다. 이런 프로그램을 거치지 않더라도 약물치료를 시작하고 나서 몇 달 후에 약을 끊는 사람도 있습니다. 스트레스가 해소되었든, 민감성에 변화가 생겼든, 불안과 공황에 대한 태도가 달라졌든, 그들에게 필요한 것은 단기간의 약물치료뿐이었을 것입니다.

이러한 모든 이유 때문에 불안과 공황에 처방되는 약의 작용 방식과 유형에 대해 검토해 볼 필요가 있습니다.

약의 작용 방식

약은 공황과 불안 경험에 대한 취약성을 줄이는 작용을 하는 것으로 생각됩니다. 약은 우리 몸이 최대 공포(공황) 반응을 일으키지 못하게 하는 것으로 보입니다. 또한 약은 전반적인 불안을 경감시켜 공황에 대한 일상적인 걱정의 심각성을 줄여 줍니다. 전반적 불안 증상이 감소하기 때문에 '공포에 대한 공포' 주기를 촉발하는 두려운 신체 증상이 줄어들게 됩니다.

약은 뇌와 신경계의 특정 부위에서 신경전달물질(화학물질)의 비율을 변화시켜 공황과 불안을 감소시킵니다. 이 뇌 화학물질의 조정 과정은 대개 몇 주가 걸립니다. 이것이 (작용이 빠른 일부 약을 제외한) 대부분의 약이 즉각 작용을 하지 않는 이유입니다. 이 적응 과정을 통해 뇌는 스스로 '재균형'을 이룹니다. 그러므로 약은 뇌에 부족한 물질을 더 공급하거나 남는 물질을 제거하는 것이 아니라 보다 효과적으로 뇌의 재균형을 되찾고 해야 할 일을 하도록 돕는 역할을 합니다.

춥거나 더울 때 방의 온도를 일정하게 조절하는 온도 조절기같이, 뇌에 균형을 유지하는 '스트레스 조절기'가 있다고 상상해 보십시오. 공황과 불안은 신경전달물질(즉 온도)의 이상적인 수준을 결정하는 기준점이 너무 높거나 너무 낮게 움직일 때 발생할 수 있습니다. 예를 들어, 스트레스는 이 기준점을 움직일 수 있습니다. 재균형 과정은 기준점을 중간으로 되돌려 뇌가 이전처럼 잘 기능할 수 있게 합니다. 시간이 지나, 스트레스에 대처하는 더 나은 방법을 개발해서 스트레스 사건으로 기준점이 다시 균형을 잃지 않는다면, 더 이상 약이 필요 없어질 수도 있습니다.

약의 유형

항우울제

불안과 공황을 조절하는 항우울제에는 몇 가지 범주가 있습니다. 선택적 세로토닌 재흡수 차단제(SSRI)라고 하는 항우울제에는 플루옥세틴(푸로작®), 설트랄린(졸로푸트®), 플루복사민(루복스®), 파록세틴(팍실®) 등이 속합니다. 연관된 범주인 세로토닌-노르에피네프린 재흡수 차단제(SNRI)로는 벤라팍신(이팩사®), 둘록세틴(심발타®)이 있습니다. SSRI는 불안과 공황의 일차 치료제로 고려되지만, SNRI(특히 이팩사®) 역시 이 목적으로 자주 처방됩니다. 일반적으로 이 두 계열의 약은 삼환계 항우울제(TCA)와 단가아민 산화효소 억제제(MAOI) 같은 보다 오래된 약보다 독성과 부작용이 적습니다(다음에 설명됨). 그럼에도 불구하고 어떤 사람들은 이 범주의 약을 복용할 때 소화불량을 포함한 위장관 증상, 두통, 기타 부작용(특히 성기능장애)을 경험합니다. 덧붙여, 복용 초기에는 가끔 불안이 악화될 수도 있지만, 시작 용량을 낮추면(예 : 푸로작® 5mg) 이런 부작용을 줄일 수 있습니다. 공황과 불안을 조절하는 데 가장 효과적인 용량은 푸로작® 20~40mg, 루복스® 75~150mg, 팍실® 20~40mg, 졸로푸트® 100~200mg입니다(표 11.1).

삼환계 항우울제(TCA)에는 이미프라민(토프라닐®), 클로미프라민(아나푸라닐®), 데시프라민(노르프라민®), 노르트리프틸린(파멜로®), 아미트리프틸린(엘라빌®) 등이 속합니다. 과거 불안과 공황의 치료에 가장 많이 사용되는 항우울제는 토프라닐®이었지만, 앞서 언급했듯이 현재는 대부분 SSRI로 대체되었습니다. 일반적으로 삼환계 항우울제는 토프라닐® 150~300mg에 상응하는 용량으로 투여될 때 불안과 공황에 효과가 있습니다. 삼환계 항우울제 역시 복용 초기에 불안이 다소 악화될 수 있습니다. 그러나 토프라닐® 10mg 정도의 소량으로 투여를 시작하면 이런 부작용은 줄어들기 때문에 유효 용량까지 점진적으로 증량합니다. 또한 이런 초기 악화는 투약 첫 주가 지나면 대부분 사라집니다. 기타 부작용으로는 입 마름, 변비, 시야 흐림, 체중 증가 또는 감소, 어찔함 등이 있지만, 일반적으로 해롭지 않으며 몇 주 안에 사라집니다. 삼환계 항우울제를 복용하고 나서 불안과 공황이 줄어드는 데는 대개 몇 주가 걸립니다. 그래서 초기 몇 주를 넘기는 것이 가장 중요합니다. 그러나 이 시기에는 부작용이 가장 심하고 공황과 불안을 감소시키는 긍정적 효과가 아직 나타나지 않기 때문에 쉬운 일이 아닙니다. 이 시기가 지나면 부작용이 줄어들고 공황과 불안도 조절됩니다.

또 다른 항우울제로는 단가아민 산화효소 억제제(MAOI)가 있습니다. 이 계열의 약은 효과적이기는 하지만, 심각한 부작용이 있을 수 있습니다. 이런 이유로 이 약들은 대부분 SSRI와 SNRI로 대체되었습니다. 실제로 MAOI는 이런 다른 형태의 약에 반응하지 않는 사람에게만 종종 처방됩니다. 불안 치료에 가장 잘 알려진 MAOI는 페넬진(나르딜®)입니다. 그 외에 트라닐시

표 11.1 공황장애치료에 사용되는 약물

분류	상품명	초기 용량*	용량 범위*
공황장애에 대한 FDA 승인 약물			
SSRI			
플루옥세틴	푸로작	10mg	10~60mg
파록세틴	팍실	10mg	10~60mg
설트랄린	졸로푸트	25mg	50~200mg
SNRI			
벤라팍신	이팩사	37.5mg	75~300mg
벤조디아제핀			
알프라졸람	자낙스	0.25~0.5mg(하루 3회)	0.25~4mg(하루 3회)
클로나제팜	리보트릴	0.25mg	1~3mg
공황장애에 대한 FDA 비승인 약물			
SSRI			
에시탈로프람	렉사푸로	10mg	10~60mg
시탈로프람	셀렉사	10mg	20~60mg
플루복사민	루복스	25mg	25~300mg
벤조디아제핀			
디아제팜	바리움	4mg	4~40mg
로라제팜	아티반	1.5~2mg	4~8mg
TCA			
이미프라민	토프라닐	75mg	50~200mg
클로미프라민	아나푸라닐	25mg	25~250mg
데시프라민	노르프라민	25~50mg	100~200mg
노르트리프틸린	파멜로	25mg	100~200mg

* 일 투여량

프로민(파네이트®)과 이소카르복사지드(마플란®)가 있습니다. MAOI는 어찔함, 체중 증가, 근육 경련, 성기능장애, 수면장애 등의 부작용을 유발할 수 있습니다. 다른 범주의 약과 마찬가지로 MAOI도 나르딜® 15~30mg 정도의 낮은 용량에서 시작하며, 60~90mg 정도의 유효 용량까지 점차 증량합니다. MAOI는 식사를 심하게 제한하기 때문에 오늘날에는 공황치료에 거의 사용되고 있지 않습니다. 식사 제한의 예를 들자면, 치즈, 초콜릿 등 티라민 함유 음식을 먹을 수 없고 붉은 포도주와 맥주도 마실 수 없습니다. 만약 이런 식사 제한을 따르지 않으면 심한 고혈압 같은 심각한 부작용을 겪을 수 있습니다.

공황이나 불안, 광장공포증에 대한 효과는 모든 항우울제가 거의 동일한 것으로 보입니다. 항우울제 치료의 한 가지 곤란한 문제는 처음 몇 주 동안의 부작용입니다. 더구나 이런 부작용은 공황과 불안의 증상과 유사할 때도 있습니다. 이 때문에 많은 사람이 항우울제를 계속 복용하기를 원하지 않거나, 공황과 불안을 줄이는 데 필요한 용량(치료 용량)까지 증량하지 않으려 합니다. 그러나 연구 결과, 최대의 효과를 얻기 위해서는 항우울제를 충분히 복용하는 것이 중요하다고 밝혀졌습니다. 그러므로 항우울제는 처음 몇 주 동안은 약을 처방한 의사와 정기적으로 상담하면서 치료 용량에 도달할 때까지 계속 복용하는 것이 가장 좋습니다. 다음은 항우울제를 계속 복용하는 데 도움이 되는 사항들입니다.

1. 부작용은 몸에 무언가 잘못되었거나 해로운 일이 일어났다는 징후가 아닙니다. 즉 부작용은 몸에 손상이 일어나고 있다는 신호도 아니고 신체질환을 암시하지도 않습니다. 사실 부작용은 약이 의도한 화학적 효과를 나타내고 있음을 의미할 뿐입니다.
2. 부작용은 불안이 증가하고 있다는 신호가 아니라, 몸이 약에 적응하는 기간을 거치고 있다는 것을 나타냅니다. 이 적응 과정의 부작용은 공황 및 불안 증상과 유사하지만 실제 공황과 불안은 아닙니다.
3. 부작용은 일반적으로 몇 주 지나면 사라집니다.
4. 이 치료에서 설명하는 전략은 약의 부작용을 덜 두려워하면서 치료 용량

에 도달하는 데 도움이 될 것입니다.

항우울제는 다음에 설명할 벤조디아제핀보다 훨씬 더 끊기 쉽습니다. 다시 말해, 일반적으로 항우울제를 중단할 때가 벤조디아제핀을 끊을 때보다 금단 증상이 적습니다. 따라서 치료를 끝낸 후에 항우울제가 벤조디아제핀보다 재발률이 훨씬 낮습니다(약 40~50%).

벤조디아제핀

신경안정제는 과거에 불안과 공황에 흔히 처방되었으나, 현재는 덜 처방되고 있습니다. 벤조디아제핀 중 가장 흔한 두 종류는 디아제팜(바리움®)과 클로르디아제폭사이드(리브리움®)입니다. 이 약들은 대개 불안의 단기적인 완화를 위해 처방되며, 고용량을 복용하지 않는 한 공황에는 효과가 없는 것으로 생각됩니다. 바리움®의 경우, 공황을 완화시키기 위해서는 하루 30mg 이상 필요할 수도 있습니다. 이 정도 용량을 복용하면 매우 처지거나 졸릴 가능성이 높습니다. 이 때문에 공황장애의 약물치료에 정통한 정신과 의사들은 공황을 치료하기 위해 신경안정제를 단독으로 잘 처방하지 않습니다. 또한 벤조디아제핀계 약물을 오래 복용하면 시간이 지날수록 같은 효과를 얻기 위해 더 많은 용량을 복용해야 할 수 있습니다. 이를 내성이라고 합니다. 이 계통의 약은 불안치료에 단기간만 사용하는 것이 바람직하며, 전문의의 조언에 따라 주의해서 복용하지 않으면 장기간 복용에 따른 심리적·육체적 의존이 생길 수 있습니다.

일반적으로 고역가 약은 저역가 약에 비해 용량당 효능이 더 강합니다. 저역가 벤조디아제핀(예 : 바리움®)을 고용량으로 복용하면 심한 졸림 같은 부작용이 나타나지만, 고역가 벤조디아제핀은 그런 부작용 없이 공황을 완화합니다. 고역가 벤조디아제핀은 매우 빠르게 작용하며, 대개 복용 후 20분 안에 효과를 느낄 수 있습니다. 고역가 벤조디아제핀은 공황과 불안의 치료에 가장 많이 처방되는데, 잘 알려진 고역가 벤조디아제핀은 알프라졸람(자낙스®)과 클로나제팜(리보트릴®)입니다. 자낙스® 1mg은 바리움® 약 10mg과 동일한 역가입니다. 자낙스®의 치료 용량은 개인차가 있으며 공황의 양상에 따라서도 다릅니다. 심한 광장공포증 회피의 경우 하루 4mg 이상이 필요할 때도 있지만, 일반적으로 하루 1~4mg이 공황치료에 적합한 용량입니다. 이 수준의 용량을 대규모 공황장애 집단에 투여했을 때 8주 후에 전체 환자의 60%가 공황에서 벗어났습니다. 리보트릴®의 적절한 용량은 하루 1.5~4mg입니다.

벤조디아제핀계 약의 부작용은 졸림, 신체 조절 부전, 기억장애 등입니다. 그러나 저용량부터 시작해서 천천히 증량한다면 이런 부작용을 줄일 수 있습니다. 복용 초기의 졸린 느낌은 대개 약에 적응을 하면 사라집니다. 부작용은 시간이 지나면 사라지며 위험하지 않습니다.

벤조디아제핀계 약은 종류에 따라 체내에서 활성을 유지하는 시간이 다릅니다. 이것을 반감기(약 용량의 절반이 몸에서 제거되는 데 걸리는 시간)라고 합니다. 반감기가 긴 약일수록 빈도를 낮춰 복용합니다. 리보트릴®(15~50 시간)은 자낙스®(5~27시간)보다 반감기가 길기 때문에 빈도를 낮춰 복용합니다. 반감기가 짧은 약을 복용하는 사람들은 흔히 약 효과 소실 현상의 영향을 느끼며, 아침에 일어날 때와 같이 체내에 약의 농도가 떨어지는 경우 불안이 증가하게 됩니다.

벤조디아제핀은 뇌에서 GABA(감마 아미노부티르산)라는 물질의 효과를 증가시켜 효과를 나타내는 것으로 생각됩니다. GABA는 뇌에 두루 분포해 있습니다. GABA는 신경 세포의 활성화를 억제하는 작용을 합니다. 벤조디아제핀은 이 GABA가 뇌에서 불안을 유발하는 부위에 '브레이크를 거는' 기능을 증가시킵니다. 벤조디아제핀을 중단하면 '브레이크가 풀려서' 불안이 증가할 것입니다. 이것이 많은 사람이 벤조디아제핀을 중단하면 재발하는 이유 중 하나입니다.

벤조디아제핀을 중단하면 금단 증상이 나타납니다. 금단 증상으로는 불안, 초조, 집중 곤란, 흥분, 빛이나 소리에 민감함, 근육 긴장이나 통증, 두통, 수면장애, 위장장애 등이 있습니다. 이런 금단 증상은 특히 공황 및 불안 증상과 유사하기 때문에 때로는 사람들을 매우 불안하게 합니다. 실제로 이런 반응은 지금까지 경험한 가장 심한 공황보다 더 심할 때도 있습니다. 어떤 사람들은 때로는 금단 증상 때문에 너무 당황한 나머지 금단 증상을 없애기 위해 다시 약을 복용하기도 합니다. 또는 재발하는 사람도 있습니다(즉 불안과 공황을 다시 겪음).

재발은 금단 증상을 해롭게 인식할 경우 특히 더 잘 일어납니다. 사실 대부분의 금단 증상은 해롭지 않습니다. 오히려 금단 증상은 화학적 변화에 대해 우리 몸이 적응하고 있다는 것을 나타내며, 시간이 지나면 사라집니다. 이런 정보를 알고 몇몇 행동 전략을 활용한다면 금단 과정이 훨씬 쉬워집니다. 벤조디아제핀을 끊을 때 이 워크북에서 설명된 몇 가지 유형의 전략과 함께 천천히 감량한다면 금단 현상과 재발을 극적으로 줄일 수 있습니다.

베타 차단제

베타 차단제는 혈압을 떨어뜨리거나 심박수를 조절하기 위해 많은 사람이 복용합니다. 이 약은 베타 수용체라는 특정 수용체에 작용하며, 이 수용체는 심박수 같은 신체 기능의 조절에 관여합니다. 그래서 베타 차단제는 의학적 이유로 각성의 증가를 피해야 할 필요가 있을 때 흔히 사용됩니다. 많은 종류의 베타 차단제가 있지만, 가장 많이 사용되는 것은 메토프롤롤(토프롤 XL®)과 프로프라놀롤(인데랄®)입니다. 공황장애의 심리적 요인, 특히 공포에 동반되는 신체 증상에 초점을 맞춘 불안의 개념에 대한 정보를 고려할 때, 사람들은 빠른 심박수 같은 신체 증상을 줄이는 약이 공황을 없앨 것이라고 생각할 것입니다. 그러나 베타 차단제를 복용하면 기분이 조금 나아진다는 사람들이 있지만, 베타 차단제가 공황치료에 유용하다는 증거는 거의 없습니다. 이런 이유 때문에 불안의 약물치료에 정통한 의사들은 불안과 공황의 주요 치료제로 베타 차단제를 거의 처방하지 않습니다. 베타 차단제는 때때로 불안과 공황의 보조 또는 이차 약물로 사용됩니다.

FDA(미국 식품의약품안전청)에 의해 공황장애치료에 승인받은 약과 일부 환자에 대해 특정한 경우에 효과가 있지만 아직 승인받지 못한 추가 약의 종류는 표 11.1에 실었습니다. 늘 그렇듯이, 어떤 약이 가장 적합한지 최종 결정은 주치의와 상의해야 합니다.

약을 중단하기 위한 기술

이제 이 프로그램을 마쳤습니다. 만약 원한다면, 약을 끊을 준비를 해야 합니다. 만약 약을 끊기가 매우 힘들다면, 약물치료를 중단하기 위한 검증된 단기 프로그램을 추가로 고려할 수 있습니다. 이 프로그램은 옥스퍼드대학 교출판부의 불안 약물치료 중단(*Stopping Anxiety Medication*)[1]입니다. 약의 복용을 중단할 때는 반드시 주치의의 감독하에 시도해야 합니다. 약을 완전히 끊을 때까지 어느 정도 속도로 줄여 나가는 것이 안전한지는 의사만이 결정할 수 있습니다. 특히 아주 천천히 줄이는 것이 가장 좋은 자낙스® 같은 약은 더욱 그렇습니다. 이 프로그램에서 배운 정보와 기술을 활용하면서, 다음 일반 지침을 따른다면 약을 끊는 데 문제가 없을 것입니다.

1. 약을 단번에 끊지 말고 서서히 중단하십시오. 당신의 주치의가 적절한 감량 속도에 대해 최선의 조언을 해 줄 수 있을 것입니다.
2. 약을 중단하는 목표일을 정하십시오. 다시 한번 강조하지만, 주치의와 함께 계획을 세워야 합니다. 원하는 감량 일정을 고려하여 합리적인 날짜를 정하십시오. 반면에, 목표일을 너무 멀리 잡지는 마십시오. 일반적으로 주치의의 판단에 따라 안전한 일정 범위 내에서 빨리 끊을수록 더 좋습니다.
3. 약을 중단할 때는 이 프로그램에서 배운 원리와 대처기술을 사용하십시오.

지금까지 약 끊기를 다루지 않은 것은 성공적으로 약을 중단하기 전에 먼저 불안과 공황을 극복하는 방법을 배우는 것이 중요하기 때문입니다. 그

---

[1] Otto, M. W., & Pollack, M. H. (2009). *Stopping anxiety medication: Workbook*. Oxford University Press.

이유 중 하나는 약을 끊으면 불안과 공황을 훨씬 더 심하게 경험할 수도 있다는 것입니다. 만약 약을 복용하지 않는다면, 지금쯤 공황과 불안을 극복했을 것입니다. 하지만 약을 복용 중이라면 약을 중단할 때 악화된 불안과 공황에 대처하기 위해 배운 원칙들을 다시 적용해야 합니다. 대부분의 사람들은 그들의 약을 점진적으로 줄입니다. 다시 말하지만, 대부분의 사람들은 이것을 심각한 문제로 여기지 않으며, 불안과 공황에 대처하는 데 익숙해지면 점차 약을 줄입니다.

만약 약 용량을 줄일 때 불안과 공황이 증가한다면, 가벼운 금단 증상 때문일 가능성이 큽니다. 이런 증상은 약을 끊을 때 동반되는 화학적 변화에 몸이 다시 적응하는 것을 나타낼 뿐입니다. 금단 증상은 다시 약을 복용해야 하거나 무언가 심각한 문제가 생겼다는 의미가 아닙니다. 오히려 금단 증상은 약의 복용 중단에 대해 몸이 적응하는 기간을 의미하며, 몸에서 약이 모두 제거되는 1~2주 정도까지만 지속됩니다(드물게 조금 더 길어지는 경우도 있음). 또한 당신에게는 이제 이런 증상에 대처하는 기술이 있습니다. 이것은 호흡법, 증거 찾기, 객관적으로 생각하기 등의 기법을 사용해 볼 수 있는 완벽한 기회입니다.

약 끊기는 기록지 8.1 '증상 평가'의 활동 목록에서 마지막 항목이 될 수 있습니다. 즉 약을 끊는 것은 두려워하거나 두려워했던 신체감각을 유발하는 또 다른 방법입니다. 따라서 약 끊기를 증상 평가에 추가하여 호흡법 훈련과 금단 증상에 대한 속단하기를 피하기 위한 증거 찾기, 객관적으로 생각하기를 연습할 기회로 삼을 수 있습니다. 약을 끊는 동안 경험하는 신체감각을 고통스러워하기보다는 제8장의 신체감각을 덜 두려워하는 법을 배우기 위한 지침을 따르십시오.

약을 끊은 후, 약을 복용하면서 직면했던 모든 증상과 활동 및 상황을 다시 직면하는 것이 매우 중요합니다.

과제

✎ 만약 복용 중인 약을 중단하고 싶다면, 이번 주에 그 약을 처방한 주치의에게 어떻게 하는 것이 가장 좋을지 상의하십시오.

✎ 이 프로그램에서 익힌 다양한 기법을 활용하여 약을 끊을 때 나타날 수 있는 금단 증상에 대처할 계획을 세우십시오.

자가평가

다음 질문에 '예' 또는 '아니요'로 답하십시오. 정답은 부록에 수록되어 있습니다.

1. 약을 끊을 때는 반드시 처방한 의사의 감독하에 점진적으로 줄여 나가야 한다.	예	아니요
2. 약을 끊을 때 평상시와 다른 감각을 느낄 가능성은 거의 없다.	예	아니요
3. 약을 끊을 때 신체 증상이나 불안 및 공황을 경험하면 복식호흡으로 천천히 숨 쉬는 연습을 하고 잘못된 믿음을 변화시키고 두려움에 직면하는 기회로 활용해야 한다.	예	아니요
4. 약을 끊을 때 신체 증상이나 불안 또는 공황을 경험하면 이 치료에서 얻은 이득을 모두 잃는다는 신호이다.	예	아니요
5. 약을 끊을 때 신체 증상이나 불안 또는 공황을 경험하면 약물치료를 중단할 수 없다는 신호이다.	예	아니요
6. 이 프로그램을 마친 대부분의 환자들은 약을 끊을 수 있다.	예	아니요

성취, 유지, 재발 방지

목표

- 성과를 검토한다.
- 지속적인 연습을 계획하는 방법을 배운다.
- 성과를 유지하는 법을 배운다.
- 고위험기와 걸림돌을 어떻게 관리하는지 배운다.

성과 검토

이 프로그램을 시작하고 나서 어떤 변화가 있었는지 생각해 볼 시간입니다. 여러 가지 방법이 있을 수 있지만, 첫째, 기록지 2.3 '경과 기록'을 사용하여 치료 시작부터 지금까지 공황 빈도를 비교하고 프로그램 전반에 걸친 변화 과정을 살펴보십시오. 아마도 기복이 있을 것입니다. 또한 치료 시작부터 지금까지 일일 불안 심각도를 비교하십시오. 기록지 12.1 '성과 평가'를 사용하여 공황 빈도와 불안 심각도 모두 또는 한 가지가 줄었다면, 공황과 불안 항목의 '예' 칸에 체크하고, 그렇지 않다면 '아니요' 칸에 체크하십시오. 기록지는 복사해서 사용할 수 있습니다.

둘째, 당신의 생각을 검토하십시오. 공황과 불안, 신체 증상에 대한 사고 방식에 중요한 변화가 생겼습니까? 다시 말해, 특히 공황과 공황의 신체 증상이 프로그램을 시작한 이후에 당신이 얻은 성과를 평가하십시오.

공황과 불안

공황 빈도나 심각도 또는 공황에 대한 불안 정도가 뚜렷하게 감소했습니까?   예 ☐   아니요 ☐

부정적 사고

속단하기와 재앙화가 뚜렷하게 감소했습니까?   예 ☐   아니요 ☐

증상과 일상 활동 연습

증상 유발 운동 및 일상 활동에 대한 공포가 뚜렷하게 감소했습니까?   예 ☐   아니요 ☐

광장공포증 상황

공황과 연관된 상황에 대한 공포 또는 회피가 뚜렷하게 감소했습니까?   예 ☐   아니요 ☐

에 대한 속단하기와 재앙화가 현저히 줄었습니까? 만약 그렇다면, 기록지 12.1에서 부정적 사고 항목의 '예' 칸에 체크하고, 그렇지 않다면 '아니요' 칸에 체크하십시오.

셋째, 작성한 기록지 8.1 '증상 평가'를 사용하여 처음 작성했던 증상 및 일상 활동 순위의 공포 점수를 검토하십시오. 동일한 증상과 일상 활동에 대한 현재의 공포 수준을 동일한 0~10점 척도(0 = 없음, 10 = 극심한 공포)를 사용해서 평가하십시오. 과호흡하기, 회전하기, 숨 참기, 운동하기, 커피 마시기, 공포 영화 보기 같은 다양한 연습에 대한 두려움이 처음 평가할 때보다 훨씬 줄어들어 유발된 신체 증상을 다스릴 수 있습니까? 이들 항목에 대한 두려움이 현저히 줄어들었다면, 증상과 일상 활동 연습 항목의 '예' 칸에 체크하고, 그렇지 않다면 '아니요' 칸에 체크하십시오.

넷째, 기록지 5.2 '광장공포증 상황 순위'에 처음 매겼던 공포 점수를 살펴보십시오. 그러고 나서 동일한 상황에 대한 현재의 공포 수준을 0~10점 척도

(0＝없음, 10＝극심한 공포)를 사용해서 다시 평가해 보십시오. 운전하기, 비행기 타기, 집에 혼자 있기 등에 대한 공포가 처음보다 훨씬 줄어들었습니까? 만약 그렇다면 광장공포증 상황 항목의 '예' 칸에 체크하고, 그렇지 않다면 '아니요' 칸에 체크하십시오.

만약 기록지 12.1의 네 가지 항목 중 적어도 세 개 이상 '예' 칸에 표시가 되면 이 프로그램을 아주 잘 이수한 것으로 생각할 수 있습니다. 반면에 '아니요' 칸에 표시한 항목이 세 개 이상이라면 아직 더 성취해야 할 여지가 남아 있다는 의미입니다.

연습 계속하기

아마도 당신이 연습해야 할 일상 활동과 상황이 남아 있을 것입니다. 기록지 12.2 '연습 계획'을 사용하여 다음 몇 주간 다음 항목들을 연습하십시오.

- 호흡법
- 사고기법
- 광장공포증 상황 직면
- 증상 직면

기록지 12.2는 복사하여 사용할 수 있습니다.

매주 말에 연습 성과와 다음 단계를 고려하여 연습 계획을 수정하십시오. 이 과정은 6개월 이상 또는 원하는 기간 동안 계속할 수 있습니다. 글상자 12.1은 연습 계획의 예입니다.

장기 목표

기록지 12.3 '장기 목표'를 사용하여, 그동안 공황과 불안 때문에 할 수 없었던 일에 대한 장기적인 계획을 시작할 수 있습니다. 다음은 계획을 세워 볼만한 일의 몇 가지 예입니다. 당신은 아마도 항상 다음과 같은 일을 하고

연습 항목	설명
호흡법	
사고기법	
광장공포증 상황 직면	
증상 직면	

연습 계획의 예

연습 항목	설명
호흡법	빠르고 얕은 호흡으로 돌아가지 말고 느린 복식호흡을 더 연습하자.
	편안한 장소에서 하루에 두 번, 10분씩 연습하자.
사고기법	속단하기에 대해서는 잘해 나가고 있지만, 재앙화 습관은 아직 더 많은 연습이 필요하다. 사람들이 많은 장소에서 공황이 오는 장면을 상상하고 나서 최악의 경우 직면하기와 객관적으로 생각하기를 충분히 해 보자.
광장공포증 상황 직면	동생네 집까지 운전해서 갈 예정이다.
증상 직면	훈련을 더 열심히 하자. 너무 많이 망설이고 있다.

기록지 12.3 **장기 목표**

장기 목표	목표를 달성하기 위한 단계

싶었을 수 있습니다.

- 학교에 복학하기
- 아이 갖기
- 새로운 사람 만나기
- 여행 가기
- 새로운 취미 갖기
- 직업 바꾸기
- 새 자동차 사기

어떤 경우이든 간에, 장기적인 목표와 그 목표를 달성하는 데 필요한 구체적인 단계를 생각해 보십시오. 이 장기 목표 및 단계는 매달 수정될 수 있습

글상자 12.2 **장기 목표의 예**

장기 목표	목표를 달성하기 위한 단계
관리직으로 승진하기	인사 담당자와 대화하기
	성과 검토 요청하기
	1년 이내에 공개 채용에 지원하기
새로운 친구 사귀기	독신자 모임에 등록하기
	체육관에서 다른 사람들과 대화하기
	단체나 조직에 가입하기
학교에 복학하기	입학처에 전화하기
	강의 계획표 받기
	먼저 복학한 다른 사람들과 대화하기

니다. 이 기록지는 복사해서 사용할 수 있습니다. 글상자 12.2는 장기 목표 작성 예입니다.

성과 유지

지금까지 이룬 성과를 유지하는 몇 가지 방법이 있습니다. 첫째, 당신이 공포나 불안 때문에 어떤 상황에 들어가거나 어떤 일상 활동을 하기를 주저한 다면, 이는 오히려 그런 상황이나 일상 활동을 직면해야 한다는 신호입니다.

- 호흡법을 사용하십시오.
- 불안해하는 대상에 대처하는 데 도움이 되는 사고 전략을 사용하십시오.
- 회피는 불안을 키우는 가장 큰 원인입니다.

둘째, 기분을 기록하십시오. 적어도 한 달에 한 번은 전반적인 불안 수준과 공황 횟수를 살펴보십시오. 극심한 공황과 불안에 빠질 때까지 기다리는 것보다 초기 단계에서 문제를 바로잡는 것이 더 쉽습니다. 적어도 한 달에 한 번은 지난주에 얼마나 불안했는지 또는 얼마나 걱정을 했는지, 공황을 경험했는지 스스로 질문하며 기분을 기록하십시오. 이 기록을 월 청구서 납입일이나 매월 참가하는 모임 같은 정기적인 일정과 연결하면 기록을 상기시키는데 도움이 됩니다. 매달 이런 일정 직전이나 직후에 기분을 기록하십시오.

셋째, 때때로 제3, 4장의 교육적 내용을 다시 읽어 보십시오. 새롭게 배운 내용이 사고방식의 일부로 머릿속에 공고히 자리 잡기 위해서는 복습이 필요합니다.

고위험기

공황이나 불안을 증가시키는 가장 위험한 시기는 인생에서 스트레스를 겪을 때입니다. 이런 시기는 실직이나 불화, 이혼 또는 절교, 출산, 심각한 질병 등 심한 스트레스를 많이 겪는 모든 시기가 될 수 있습니다. 스트레스는 신경계에 영향을 미칩니다. 스트레스는 일반적으로 긴장 수준을 높이므로 더 많은 신체 증상을 유발하며 부정적인 생각을 할 가능성이 높아집니다.

이런 이유 때문에 스트레스성 사건의 종류를 현실적으로 예상해서 미리 대비하는 것이 좋습니다.

- 첫째, 자신의 불안을 다스릴 수 있는 방법을 생각해 보십시오. 속단하기나 재앙화 또는 회피 습관을 조심하십시오.
- 둘째, 스트레스를 다스리기 위한 구체적인 단계, 즉 화가 난 상사에게 어떻게 대처할지, 기한이 지난 고지서를 어떻게 해결할지 등을 구상합니다.

재발

공황이나 불안이 재발할 수 있지만, 이것이 공황장애가 악화되거나 지금까지 거둔 성과를 모두 잃었다는 의미는 아닙니다. 자동차 여행을 하다가 타이어 한 개가 펑크 났다고 생각해 보십시오. 맞습니다. 이럴 때는 타이어를 고쳐야 합니다. 그러나 그것이 출발점으로 되돌아가야 한다는 의미는 아닙니다. 손상된 타이어를 고치고 나서 여행을 계속하면 됩니다.

공황과 불안 측면에서 보자면, 손상된 타이어를 고치는 것은 무엇이 공황과 불안을 유발했는지, 어떤 부분에서 속단하기와 재앙화를 했는지, 어떻게 더 침착하고 현실적으로 생각할 수 있는지 파악하는 것과 같습니다. 그러고 나서, 자신을 불안하게 하는 대상을 직면하면서 계속 전진하십시오.

불안 증상이 갑자기 심해질 때 해야 할 가장 중요한 것은 이때까지 배운 모든 것, 즉 호흡법, 사고기법, 광장공포증 상황 직면, 증상 직면을 반복하는 것입니다.

공황과 불안이 재발했다고 해서 이 치료가 다시 효과가 없을 것이라는 의미는 아닙니다. 옛 속담에서 말하듯이, 말에서 떨어지면 먼지를 털고 다시 올라타야 합니다.

마지막으로, 이 프로그램을 마친 것을 축하합니다! 이제 불안과 공황을 극복하고 삶의 주도권을 되찾기 위한 중요한 단계를 밟았습니다. 당신은 여전히 몇 가지 문제를 해결하고 있거나 방금 논의한 것과 같이 스트레스를 겪으면 가끔 재발할 수 있지만, 계속해서 직면할 수 있는 도전에 성공적으로 대처하고 극복할 수 있는 기술과 도구를 갖추게 되었습니다. 그리고 이 프로그램을 마친 대부분의 사람들처럼 불안과 공황에 대한 지속적인 문제를 거의 또는 전혀 겪지 않는다면, 이제 당신은 자신과 사랑하는 사람들이 풍요롭고 행복한 삶을 살 수 있도록 소중한 목표를 자유롭게 추구할 수 있습니다. 물론 인생은 여전히 기복이 있겠지만, 이 프로그램에 노력을 쏟은 만큼, 불안과 공황이 더 이상 당신을 방해하지 않을 것입니다!

자가평가 정답

제1장	
1. 예	4. 아니요
2. 예	5. 예
3. 아니요	6. 아니요
제2장	
1. 예	4. 예
2. 아니요	5. 예
3. 아니요	
제3장	
1. 예	5. 예
2. 아니요	6. 아니요
3. 아니요	7. 아니요
4. 아니요	
제4장	
1. 아니요	4. 예
2. 아니요	5. 아니요
3. 예	6. 예
제5장	
1. 아니요	3. 아니요
2. 예	4. 아니요
제6장	
제1절	
1. 예	4. 아니요
2. 아니요	5. 아니요
3. 아니요	6. 예

제2절	
1. 아니요	3. 아니요
2. 아니요	4. 예
제3절	
1. 아니요	3. 예
2. 아니요	
제7장	
제2절	
1. 아니요	4. 예
2. 예	5. 아니요
3. 아니요	6. 예
제3절	
1. 아니요	4. 아니요
2. 아니요	5. 예
3. 예	
세4절	
1. 아니요	3. 예
2. 아니요	4. 아니요
제8장	
제1절	
1. 예	4. 아니요
2. 아니요	5. 아니요
3. 예	
제2절	
1. 아니요	3. 예
2. 아니요	
제3절	
1. 아니요	4. 아니요
2. 아니요	5. 예
3. 아니요	

제4절	
1. 예	3. 아니요
2. 예	4. 아니요
제9장	
제1절	
1. 아니요	4. 아니요
2. 아니요	5. 예
3. 아니요	6. 예
제10장	
1. 아니요	4. 아니요
2. 예	5. 아니요
3. 예	
제11장	
제2절	
1. 예	4. 아니요
2. 아니요	5. 아니요
3. 예	6. 예

David H. Barlow는 1969년에 버몬트대학교에서 박사 학위를 받았으며, 주로 정서장애와 임상 연구 방법론에 관한 650편이 넘는 논문과 공저, 90권이 넘는 저서와 임상 매뉴얼을 발간하였다. 그의 책은 아라비아어, 중국어, 러시아어 등 20여 개가 넘는 언어로 번역되었다.

미시시피대학교 메디컬센터 정신과와 브라운대학교 정신의학 및 심리학과 교수를 지냈으며, 두 대학교에 임상심리 인턴 과정을 만들었다. 또한 뉴욕주립대학교 올버니 캠퍼스에서 심리학과 석좌교수를 역임하였다. 현재 보스턴대학교 심리학 및 정신의학과 명예교수이자 불안 및 관련 장애 센터의 설립자이다.

심리학 분야에서 가장 권위 있는 두 개의 상인 미국심리학회(APA)의 심리학 응용 분야 최우수 과학상과 응용심리학 연구 분야에서 평생 동안 뛰어난 지적 업적을 이룬 개인에게 수여하는 심리과학협회 James McKeen Cattell 펠로상을 수상했다. 그는 또한 미국심리학재단의 2018년 심리치료 분야 최고 공로상, 행동인지치료협회의 종신 공로상, 중국 베이징의 중화인민해방군 종합병원에서 수여하는 탁월한 업적에 대한 감사장을 받았다. 그는 버몬트대학교로부터 명예 이학박사 학위를 받았으며 윌리엄제임스대학으로부터 명예 인문학박사 학위를 받았다. 그는 1997/1998학년도에 캘리포니아 팰로앨토에 위치한 행동과학심화연구센터에서 Fritz Redlich 펠로로 활동했으며, 2015년에는 캐나다심리학회 명예회장으로 임명되었다.

이 밖에도 매사추세츠, 캘리포니아, 코네티컷 주 심리학회에서 공로상, 코네티컷주 하트포드시 주거연구소에서 2004년도 C. Charles Burlingame 상, 성 치료 및 연구협회에서 Masters and Johnson 상, 임상심리협회의 섹션 IV: 여성의 임상 심리학으로부터 임상심리학 분야에서 여성에 기여한 공로를 기리는 감사장, 미국 국립정신보건원(NIMH)으로부터 임상 연구에 오랫동안 기여한 공로에 대한 MERIT 상을 수상하였다. 그는 미국심리학회와 행동인지치료협회 회장을 역임하였고, *Clinical Psychology: Science and Practice*, *Behavior Therapy* 등 몇몇 학술지의 편집자를 지냈으며, 현재 옥스퍼드대학교출판부 Treatments *That Work*™ 시리즈의 편집장이다. 미국정신의학회의 DSM-IV 위원회 위원이었으며, 불안장애 분류 개정을 위한 실무 그룹의 공동 의장을 지냈다. 미국 전문심리학위원회의 임상심리학 분야 인증 심리사이며, 심리학 발전에 대한 뛰어난 업적을 인정받아 이 위원회로부터 특별 공로상을 수상했다.

미국심리학회 회장으로부터 두 차례 표창을 받았다. 첫 번째 표창은 "과학 교육, 훈련 및 실습을 통해 심리학을 발전시킨 평생의 헌신과 열정"을 기리기 위해 수여되었으며, 두 번째 표창은 "다양한 인종의 많은 심리학자들에게 미치는 광범위한 영향과 모든 학생들의 잠재력을 존중하고 지원하여 학문의 미래를 형성한 공로"를 기리기 위해 수여되었다. 그의 연구는 50년 넘게 지속적으로 미국 국립보건원으로부터 연구비를 지원받고 있다.

Michelle G. Craske는 캘리포니아대학교 로스앤젤레스 캠퍼스의 심리학, 정신의학 및 생물행동과학과 교수, 밀러 기금 석좌교수, 불안 및 우울 연구센터 소장, 행동 및 뇌 건강을 위한 Staglin 가족음악센터 부소장을 맡고 있다. 또한 UCLA Depression Grand Challenge의 공동 책임자이다. 지금까지 공포, 불안, 우울 분야에서 540편 이상의 동료심사 저널 논문과 불안장애의 원인과 치료, 불안의 성별 차이, 공포의 학습에 관한 기초과학부터 이해의 임상적용, 공포증 치료와 인지행동치료, 자가치료서, 치료자 가이드 등을 주제로 한 책들을 출간하였다. 그뿐만 아니라 Web of Science에 가장 많이 인용된 연구자 목록에 올라 있다. 1993년부터 아동과 청소년의 불안 및 우울증 위험 요인, 감정 조절의 신경 매개와 불안장애에 대한 행동치료, 노출치료 최적화를 위한 공포 소멸 중개 모델, 보상 민감성과 무감각증을 대상으로 하는 새로운 행동치료, 소외된 인구를 위한 확장 가능한 치료 모델에 관한 연구 프로젝트를 위한 교외 연구비를 지원받았다. 다수의 공로상을 수상하였으며 UCLA에서 박사후연구원학회로부터 UCLA 멘토링상과 경력 개발상을 수상했다. 또한 미국심리학회 임상심리과학 저명 과학자상, 행동인지치료협회 우수 연구자상, 인지치료아카데미의 Aaron T. Beck 상 등을 수상했다. 국제적으로는 벨기에에서 수여하는 국제 Francqui 교수상과 독일 드레스덴공과대학교에서 수여하는 Eleonore Trefftz 객원교수상을 수상했다. 네덜란드 마스트리흐트대학교에서 명예 박사 학위를 받았으며, 옥스퍼드대학교 정신과 명예 연구원, 네덜란드-플랑드르 연구 및 교육 대학원 명예 연구원으로 활동하고 있다. 또한 미국심리학회와 행동인지치료협회 회장을 역임했으며, *Behaviour Research and Therapy*의 편집장이다. 태즈메이니아대학교에서 명예 학사 학위를 받았으며, 브리티시컬럼비아대학교에서 박사 학위를 받았다.

옮긴이

최병휘 (www.gongwhang.com)

인제대학교 의과대학에서 공부하였고 서울백병원에서 수련하였다. 1995년 정신과 전문의 자격을 취득하였으며, 현재 광명정신건강의학과를 운영하고 있다. 한국정서인지행동의학회 부이사장을 역임했으며, 한국인지행동치료학회와 임상인지행동연구회 등에서 활동하고 있다. 주요 역서로는 6주 안에 끝내는 공황장애의 인지행동치료, 똑똑한 인지행동치료, 수줍음과 사회불안의 극복, 사회불안증의 인지행동치료: 사회불안 다스리기, 우울증의 인지치료: 우울증 BEAST 길들이기 등이 있다.